徳 間 文 庫

親が育てば子も育つ

栢《かや》 木《き》 寛《かん》 照《しよう》

徳 間 書 店

実相

沙門寛照

目次

第一章 道

第二章 育

第三章 草

第四章 命

第五章　心

第六章　姿

第七章　源

扉イラストレーション　上田みゆき
扉デザイン　新美　稔

第一章

道

愛する者と会うは苦し

あなた、知っていましたか。法律の世界では、嫁が姑《しゅうとめ》を扶養《ふよう》する義務は、まったくないのだそうです。びっくりしました。

私の母親など、寝たっきりの姑の食事の世話から下《しも》の世話まで、十四年間つづけました。私たち兄弟にとっては、姑は祖母だし、嫁は母ですから、母親が祖母のめんどうをみることは、当時は当たりまえだと思っていました。

いま、世間のことを少し知ってふり返ってみると、私の母が祖母にしてきたことは、並大抵のことではないと、いまさらながら感じ入っています。

畑や田んぼの仕事もあり、家の仕事に姑の世話ですから、十四年間というもの、自宅から一キロ四方より外には一歩も出たことがないのです。寝たっきりの老人がいれば、出るに出られないのです。温泉旅行の一つもしたことがないし、家のある滋賀県甲賀郡の水口《みなくち》町伴谷《ばんたに》というところから、水口町の街中まで約四キロあるのですが、その街までですら十四年間行ったことがないのです。

比叡山《ひえいざん》では、十二年間山に籠《こも》って学問修行をしなさいという制度があるのですが、それに二年足して十四年。大変なことです。

祖母は最初、片目がよく見えなくなって病院に入院していたのですが、「そこひ」というのでしょうか、両眼とも完全に見えなくなり、病院にいても仕方がないということで家に戻ってきたのです。

初めのうちは目が見えないというだけで意識はしっかりしていたのですが、だんだん脳軟化症になり、六十八歳のときから八十二歳で亡くなるまでの十四年間、寝たきり同然でいたわけです。

この病気の人は、昼間よく眠ることが多いようです。みんなと同じに昼起きて夜寝てくれればいいのですが、昼のうちカーア、カーアといびきをかいて眠っているから、どうしても夜起きてしまう。

私の母親が夜、ようやく寝床に入るころに目をさまして「おかあちゃーん、おかあちゃーん」と呼ぶのです。「何です」ときくと、「おしっこさせて」とか「ちょっと水がほしい」とかいうわけで、それから母親は一時間おきぐらいに起こされるのです。

あとから母親に聞いてみると、「起きたくない日も何回あったことやら。もうなんぼ呼んでいても知らん顔しとこうかな、と思ったときもあった」というのです。

事実、知らない顔をしたこともあったようです。すると不思議なことに、母親の耳もとで仏壇の鉦《かね》が「チーンチーン」と鳴るというのです。

最初は耳鳴りかと思ったけれども、鉦の音があまりにはっきりと聞こえてくるんで、「ああ、これはご先祖さんが、姑が呼んでいるのに知らん顔して寝たフリしているのは、いかんぞと怒っておられるんかな」と思ったそうです。

鉦が聞こえてくると気持も悪いので、起きて祖母の下の世話をしたりお茶を呑ませたりすると、祖母は「ありがとう」といってまた少しやすむ。するとあの鉦の音が止む。ところが、また一時間ほどすると、「おかあちゃーん、おかあちゃーん」とくる。これが十四年間つづくのですから、その苦労は大変だったと思います。

愛と愛情の違い

そういう苦労に母親を耐えさせたものは、いったい何なのかと、後になって私は考えました。

お釈迦《しゃか》さまの一言葉をまとめた『法句経《ほっくきょう》』という経典《きょうてん》に、「愛する者と会うは苦し。愛せざる者と会うもまた苦し」とあります。
「愛する者と会うは苦し」……愛しているなら会えば楽しいと思うのですが、「会う」ということは必ず「別れ」があるということなのです。だから「愛する者と会う」ということは、その愛している人と別れなくてはならないときが必ずくるから、これは苦しいということになります。

道に「愛せざる者と会うもまた苦し」とは、会いたくもない人とも仕事の上や何やらで会わなくてはならない。嫌《いや》だけどしようがないと思って会うのも、やはり「苦しみ」なのです。

このように、仏教では全面的に「愛がすべてだ」という説き方はしていないのです。愛は使いようによっては「武器」にもなるし「大きな力」にもなる。日本では愛だけをとりあげて「愛してます」と言いますが、これは〝アイラブユー〟という英語から「愛」だけを抜粋しているのです。

しかし、日本人は「愛」だけを誇張して日常生活に使うことはなく、むしろ「愛情」という言葉で表現してきたと思うのです。「愛」と「情」はまったく別のものだと私は思うのです。

たとえば「愛する」というのは、表面的に男と女が身体を重ねあうことを表現しているのではないでしょうか。そういう愛がめばえて結婚する。だから結婚した当初はまだ「愛だけ」ともいえます。愛だけしかない二人のあいだに何か亀裂《きれつ》が生じると、その愛は簡単にこわれてしまう。

ところが愛に「情」がついてきて、「愛情」になってくると、愛というものがこわれかけても、情が愛をつなぐ接着剤のはたらきをすることがあるのです。

母親が子供に愛情をもつといいますが、「愛だけ」で子供を育てることはできないわけです。そこに情があるのです。

たとえば結婚して十年たって「あの人と別れたい」と思っても、そこにもう情が通いあっていたとしたら、別れることはできません。愛だけでは成り立たないし、また逆に情だけでも成り立ちません。

「あの人、かわいそうだね」「気の毒やな」という情はわいても、自分が「かわいそうだ」と思う他人をすべて助けてあげることは不可能です。

情が愛をつなぐ接着剤

自分が愛する相手に対してめばえてくるのが「情」であって、この二つがきちっと重なってこそ「愛情」となるのです。私の母親が祖母にしてきたお世話は、単なる愛だけではなかったのでしょう。愛だけでは絶対あれだけのことはできません。やっぱり夫のお母さんだとか、わが子からしてみたらおばあちゃんだというところから情がわいて、自分の母親のつもりで、世話してきたのだと思うのです。

私の母親は、単なる農家の主婦ですけれど、昔のいい部分を守り通してきた人です。私が母親のことをこんなふうに書くと、きっと母親は「当たりまえのことやのに」と周囲に気をつかうかと思います。「私の生まれた村には、やっぱり寝たっきりの姑を何年も看護してきた嫁が何人もいますよ」と。

こんなことをいっても、現代の若い人たちは、「いまの時代にそんなことを、われわれに当てはめられたってこまるわ」というのでしょうが……。

人間として生まれて死んでいくまでの、嫁と姑の関係を、二歩三歩と引きさがって、相手を尊重することを一生通して貫いてきた人たちがいるということを、知ってほしいものです。

生命の根は一つ、生命の役割は無数

かつて日本の女性の美徳とされた、半歩か一歩ひき下がって、相手を立ててあげようとする女性のやさしさは、いまどこへとんでいってしまったのでしょうか。

以前は嫁と姑というのは、お互いに譲り合い、「おかあさん」「○○ちゃん」と呼び合って表面的には仲良くやっていました。

たとえ腹の中は煮えくりかえるようなことがあっても、それをいちいち表に出していては、家庭はおさまりません。感情にまかせて好きなことをいい散らし、せいせいした顔をしている人もいますが、いわれた人はつらい思いをいつまでも忘れません。だから、いいたくてもグッとこらえて腹の中におさめておいたほうがいいこともあるのです。

嫁・姑の問題も今に始まったことでなく、ズーッと昔からおこなわれていた睨《にら》み合いであって、所詮、嫁と姑は一つにはなれないようです。

きのうまでまったく違うところに生まれ育ってきた一人の男性と一人の女性が、何らかの縁によって結ばれて夫婦となり、一つ屋根の下に住む。そのとたんに、きのうまで関係のなかったおばさんが姑となりおじさんが舅《しゅうと》になって「お父さん、お母さん」と呼ぶようになるわけです。嫁にしてみれば、夫は大事だけれど、そのお母さんだと思っても、やっぱり自分を生んで一生懸命育ててくれた里のお母さんのほうが、姑よりも大事にきまっています。

姑としても、自分の息子のかわいい嫁といえども、やっぱり自分の腹を痛め手塩にかけて育てあげたわが息子や娘のほうが、嫁よりもかわいいにきまっています。それを互いに「うちの娘や息子なら……」と姑がいい、嫁も「里の母だったら……」などといい合ったら、家族なんて絶対おさまりません。それも互いにゆずるどころか、二歩も三歩も進んでののしり合い、その狭間《はざま》で何の結論もださずにオロオロとしている腑甲斐《ふがい》ない男が増えているようです。

結局、女の人が社会全体――家庭でも職場でも――に与える影響力には、恐ろしいものがあります。女の人の力がどれほど男の社会に影響を及ぼしているかを素直に認めることが、これからの社会においてとても大事なことだと私は思えて仕方ありません。

差別と区別は違うもの

もちろん、男と女の差別はいけません。しかし、差別はいけないけれども、やっぱり男と女は一緒にはならないということをきっちりとわきまえていただかなかったら、家庭も社会もおさまりません。

お釈迦さまはいまから二千五百年前に佛教をお開きになりました。

そのお釈迦さまは、生まれたときからお釈迦さまであったわけではありません。生まれたときはシッダルタといって、シャカ族という部族の国王の息子、いわゆる王子として生まれたのです。王子ですから何不自由のない生活をしていました。何不自由のない生活をしているのに、シッダルタは非常に暗い性格でした。何をしてもみんなと同じに楽しく遊べない。お父さんである国王も、「どうしてうちの息子は、こんなに暗い性格なのだろうか」と心配し、また本人も「私の心をこんなに暗く閉ざすものは何なのか、なぜみんなと同じに明るくふるまえないのだろうか」と悩んでいました。

シッダルタの暗い性格の原因は、いくつかありましたが、その一つに、カーストという身分制度があったのです。インドの身分制度というのは、がんじがらめの身分制度でした。

このカースト制度についてシッダルタは、「なぜ同じ人間に生まれたのに、ヘビ使いの子に生まれた者はヘビ使いに、乞食の子に生まれた者は乞食に、百姓の子に生まれた者は百姓に、と生まれながらにして生涯の職業が決まってしまうのか」というわだかまりをもっており、それが悩みの大きな原因になっていたのです。

日本でもかつて身分制度がありましたが、インドほどがんじがらめではありませんでした。たとえば豊臣秀吉という人は百姓のせがれに生まれたけれども、太閤にまでなりました。徳川時代には、「士農工商」という身分制度がありましたが、抜け穴もいろいろあったのです。お金をもうけた商人が、武士の株を買って武士になったというような例も数多くあるわけです。

ところが当時のインドのカースト制度は、本当に厳格ですから、絶対にほかの職業につくことはできない。このことをシッダルタは「おかしい」と悩みぬくわけです。

そしてついにシッダルタは出家をし、やがて悟りをひらいて如来《にょらい》となり、ブッダと呼ばれるようになるのです。そののち四十五年にわたって、いろいろなところへ行き教えを示して歩かれるのですが、その教えのなかで、少年のころ悩んだ人間の身分制度について語っています。

その教えでは、人間が人間社会だけをみると、人間に生まれてきたことを当たりまえに思っているが、人間も犬も猫も、白菜もキュウリも、杉の木も松の木も、同じ生命をもった等しい生きものであるということを説いておられます。

お釈迦さまは、ここまで徹底して公平・平等を説いているのです。

地球の四十六億年の歴史をさかのぼっていくと、人間もその他の生きものも、極端にいえば一つの細胞に行きつきます。現在六十億人を超える人間をはじめ、すべての生きものは、一つの細胞から派生したものなのです。ですからみんな兄弟であって仲間だということになります。

しかしまたお釈迦さまは、こうもいっておられます。

差別はいけない、でも猫と犬が一緒にならないように、犬と人間も同じにはならない。生命は一緒であるとしても、同じにはならない。人間は人間として生まれる縁《えにし》があったのです。前世における宿業《しゅくごう》によって積み重ねられた縁によって、ありがたくも人間に生まれてきたのです。他の生命とは区分けすることができるのです。また人間に生まれるとともに、男に生まれた縁と女に生まれた縁もある。男として生まれた縁によって男としてなさなければならないことと、女に生まれた縁によって女として守らなければならないことが、それぞれある。

このようなことを『六方礼経《ろっぽうらいきょう》』という経典のなかで明確に示しておられます。

たとえばここに一枚の布があるとします。

その布をタテヨコ四枚の布切れに切ったとします。その四枚の布を一枚はトイレの手ふきに、一枚は台所の食器ふきに、一枚は雑巾に、一枚はハンカチにしました。それぞれのもち場で一カ月使われたあとに、トイレの手ふきで食器がふけますか。ふけることはふけますが、その食器にごはんを盛っておいしくいただけるでしょうか。床をふいていた雑巾で顔がふけるでしょうか。「ああ、サッパリした」という気持になるでしょうか。

最初は同じ一枚の布であっても、もち場もち場に分けられると、その用途によって区別していかなくてはならないのです。

もともと男も女も人間という一つの生命からの出発ですが、男によって生まれた縁と、女によって生まれた縁によって、区別は当然にあるわけです。その縁を自覚し、男として、女として、そのもち場で十分に自己を生かしきることが大切ではないでしょうか。

楽志・志をもつことは楽しい

中国では端午《たんご》の節句に、男の子も女の子もお母さんにグミの実をかんざしのように頭に挿《さ》してもらって、みんなでその村の高い山に登って志《こころざし》を立てるのです。

高い山の上には神がまつってあります。神を拝《おが》み、そして高い山から下を眺めるのです。山の下には自分たちが住んでいる町や村が目に入るはずです。自分の家は隣家より大きいと自慢していたのが、自分の家も隣の家と同様にちっぽけなことを知って、ガッカリしたりするのです。

現代の日本の社会でいうと、道路を走っている車がアリのような大きさにしか見えない、その自動車の中に人が四人も五人も乗っているわけです。また、高いところから眼下の町や村をじっと眺めていると、あんな小さな家の中で、細々と、こせこせと生きているんだなあと思えてきて、いかに自分が日ごろから小さなことにこだわっているかが不思議に思えてくるものです。

そんな気持にさせ、小さなこだわりを捨てて大きな志を立てる人間を育てようとおこなわれている儀式、これを「登高《とうこう》の儀」といいます。日本ではいま、立志という言葉が死語になっているのではないかと思うほど、聞かれなくなりました。以前はよく出世した人の立志伝を聞いたものです。

志がないということは目的がないということなのです。自分は将来どのような仕事をして社会にどのようにかかわっていくか、そしてどのような人生を送るかということが志なのです。その志を立てたとき、それを実現させるためにどのような学問をしたらよいか、どのような学校へ行けばよいかが決まってくるのです。

ただ大学へ入ることだけが目的であっては、何の意味もない。親の見栄に左右され、ただ大学へ入るためだけにがむしゃらに塾通いをして、英語、数学中心の受験勉強をして、何とか合格はしたものの、後は糸が切れたタコのように目的もなくフワフワと四年間遊びほうける。どうにか卒業だけはできたものの、就職すらしないでフリーアルバイターなどと体裁《ていさい》のいい言葉に乗せられて、いいとこどりのその日暮らしをしている若者がいっぱいいます。英語も数学も大事だけれど、志を立てることはもっと大事なことだと思えるのですが……。

大きくなったら何になる

私が小学五年生のとき、担任の先生から「君たちは大きくなったら、どんな人になろうと思っていますか」、また「いまから二十年たったら、どんな人になっていますか」と質問されたことがあります。

たいがいの人が、父親や母親から、また、近所のおじさんやおばさんに「あなたは大きくなったら何になるの」と問いかけられたことがあると思います。

五歳は五歳なりの答えだったし、十歳は十歳なりの答えだったと思います。私の小さいころに多かった答えが、女の子は看護婦さんで、そのつぎはお嫁さんでした。男の子はいちばん多いのがバスの運転手で、そのつぎが魚屋さん。学校の先生もけっこういました。

私の知り合いで、年齢ははるかに上で学習院へ通っておられた人が、こんな話をしてくれました。

その方が中等科のとき、先生が、「大きくなったら何になりますか」と問いかけをされ、それぞれが思っていることを原稿に書いて提出したそうです。同級生に当時の皇太子様がおられ、皇太子様は「大きくなったら天皇になる」と書かれたそうです。まあ当然のことですが、生まれながらに将来何になるか決まっている人もいるのです。

なかの一人に「大きくなったら大人になります」と書いた子がいました。先生が、「大きくなったらだれでも大人になるのは当たりまえなんですから、これは目的でも目標でもありません」

といったところ、その少年がいいました。

「先生、それは大人《おとな》と書いたのではありません。それは大人《たいじん》と読むのです。僕は大きくなったらたいじんになります」

先生は「なるほど」と大きくうなずいたというのです。

さて、私はというと、先生の質問に「僕は大きくなったら何になるかまだ決めていません。でも二十年たったら、君、お茶を一杯頼むよ、といえるようになっていたいと思います」と答えたことを覚えています。小学校五年生のときでした。

いま思うと、それが小学生の私が初めて人前で表現した志というか目標だったようです。

その後、目的はいくつか変わっていきましたが、在家《ざいけ》の生まれである私が出家して坊さんになるとは、そのころは夢にも思っていませんでした。

出家のきっかけ

私の場合、坊さんになる前、労働運動に少しのあいだ関与していたことが、出家のきっかけになったように思います。当時は労働組合がどこの会社にでもあったわけではないし、会社自体が労働組合というと、もう頭から毛嫌いしていた時代ですから、労働組合は結成したものの、運営も大変だったし、組合員ですら組合活動というものがよくわかっていないようでした。

組合ができれば、ボーナスは倍増、給料は大幅ベースアップ、職場改善は意のままと思い込む組合員もいました。自分たちの希望が思うように受け入れられないと、執行部批判をして不平不満をぶつける連中が出てきました。そんな連中にかぎって、ふだんろくに仕事をしていないことがわかったし、いつも仕事に不平不満を持ち文句ばかりいっている人間は、仕事ができない人間であるということもわかりました。

私などは、子供のころから母親に何かあるたびに「陰日向《かげひなた》なく、一生懸命働かんとあかんよ。人さんが見てんでも、神さんや仏さんがちゃんと見てやはんで」と何回、何十回と繰り返して聞かされてきたので、努力しないで豊かになるなどとは考えも及ばなかったのです。

だから組合活動はしていても、専従になって組合員の納めた組合費から給料をとるようなことはしませんでした。やっぱり自分で仕事をして自分たちの生活費は確保しました。

志を持つことなく、社会へ出て義務を果たすことも知らないのか、忘れているのか、どちらにせよ、義務は果たさず権利の要求だけを特権のように思っている連中によく会いましたが、労働運動に携わってからは、そのことがいっそう身に染《し》みました。働くことも努力することもしないで人より豊かになることなど絶対ありえない。私ども人間は、生ある限り働いて、そして社会の一員としての義務を果たさなくてはならないのです。

四十年勤めあげて、無事停年（定年）退職をした人が「これからはしたいことをしてゆっくりするで」といいますが、停年といって年を停止させるのは職場を退《ひ》いたときではなく、命を終え年齢を止めたときであり、そのときがこの世での責任を果たしたときなのだと思います。

人間としてなさなければならない責任は、生ある限り一生ついてまわるのです。そういうことがわかっていない人々が実に多かったと思っています。

座位を厳しく守れ

「そんなわからん連中にはつき合っておれん」とキッパリ労働運動から足を洗い、それまでに何かと相談にのってもらっていた比叡山の阿闍梨《あじゃり》さんを訪ねたのが、坊さんになったきっかけです。

「もう、運動をやめようと思うんですが」

「そんな気持になったんなら、やめたがええなあ」

阿闍梨さんにいわれて、心身ともにスッキリしました。

「気持の整理がつくまで、しばらくここにおったらええやないか」

そういわれるままに比叡山での居候《いそうろう》生活が始まったわけです。

後に学んだことですが、お釈迦さまは座位《ざい》を厳しく守れと申しておられます。お寺というところは、先輩、後輩の序列は厳しいものです。序列も何もない無秩序が自由だと思うのは大変な間違いで、厳しい秩序のなかに真実の公平なる自由があり、その自由を見つけるところに人生のロマンがあると思うのです。

これをお釈迦さまは楽志《がくし》、つまり、志を持つことは楽しいことだといっておられるのです。志を立て、思い込むことが必要なのです。心で思って字に書いてみたり、また絵に描いた餅は食えんというけれど、絵に描いてみたり、自らの志は人にしゃべるもんではないという人もいますが、人に吹聴《ふいちょう》してみたりすると、人に話したことで責任が生じ、字に書いてみたことで表現でき、絵に描いたことで形が整うのです。

そして常に、こうなろう、こうなろうと思いつづけることで、実現に近づくものです。

立志とはそういうものです。

出家得度・無為の世界の報恩者

比叡山に居候をして半年ほどたったある日、阿闍梨さんが私を呼んで、

「どうや、もうそろそろ、ふん切りがついたか？」とたずねられました。

「また、どこか会社へ勤めるか、自分で商売《あきない》でもやってみるか、それとも坊さんになるか、そろそろ決めたら、どうや」

それまでお寺に居候はしていても、坊さんになるなんて思いもよらなかったことだけに、阿闍梨さんの「坊さんになるか」の一言は、大衝撃でした。

それからというもの、考えました。一日中、何をしているときも考えました。最初に友人に相談しました。何人かに話しましたが、一様に「やめとけ」というだけでした。

次に先輩の坊さんに相談しました。これもまた一様に「それは結構なことや」というだけです。

さらに最古参の兄弟子、内海《うつみ》俊照《しゅんしょう》さん（現在は比叡山の回峰行を満行《まんぎょう》され大行満であ

る）に相談しました。ご本人は覚えておられるかどうかわかりませんが、

「うちの師匠は、むやみやたらと弟子を取らんが、あんたが坊さんになるというなら、私らは側面から応援するわ」といってくれました。

いろいろ悩み、気持がそこそこまとまったところで、両親に相談しました。

「お前が坊さんになるて、うれしいことやな」

母親は単純に喜んでくれました。父親はどうかというと、

「坊さんになるのは、自分で決めたらよいことやけど、師匠といえば親も同然、仕えた以上は、泣きごとはいうたらあかん」

と、もっともらしい説をとなえていました。

いよいよ決心をして、阿闍梨さんのご機嫌《きげん》のよい日を選び、話を切り出しました。

「いろいろ考えましたが、坊さんにしていただきとうございます。それも、阿闍梨さんの弟子にしていただきたいんです」

「…………」

「ほかの坊さんの弟子になるくらいなら、出家はやめます」

「そうか、まあ、お前なら私の弟子になったらええんや」

この一言で、阿闍梨さんの弟子として出家することになりました。

うれしかったですね。内海さんから「うちの師匠は、むやみやたらと弟子を取らん」といわれていたので、いっそう深い喜びでした。

一切を懺悔《ざんげ》する

在家に生まれ育った者ですから、お寺のことはわからないことばかりでした。僧になるための式、得度式《とくどしき》をあげてもらうことになりましたが、それについても何一つ知らず、必要なものの準備から心構えまで、兄弟子たちに聞くばかりでした。

当日は、お坊さんたちが五人やって来て、いろいろ役割があるようでした。いよいよ式が始まり、お戒師《かいし》さま（師匠がお戒師さんでした）の後についていわれるままにお堂へ入りますと、一足先に入堂されたお坊さんたちが、本尊さまの前で一礼をして左に右にと千鳥《ちどり》に分かれて自分の座へつきます。すわる場所があらかじめ決まっているようです。

私の横に兄弟子が一人、介添役で付いていてくれて、言葉や動作で指示してくれることを、見様見まねでおこないます。おこなうことの一つひとつが生まれて初めてのことばかりで、もう無我夢中でした。

「合掌《がっしょう》をして」といわれて、合掌をする。

「左手を掌《てのひら》を上にして出して」と指示されて、そのようにする。すると、その掌に、お戒師さまが香を一つまみのせてくれました。

「この香は塗香《ずこう》といって、体の内と外を浄《きよ》めるんやから、まず、右手の指先で香を少しつまみ口の中へ、あとは両手でこすり、そして胸のあたりで身体に塗りつけるようにして浄める、これを内外清浄というんやで」

今日まで、よいことばかりもしてこなかった覚えもある心の中で、どうぞ清浄になりますようにと願いをこめて、口に、身体に香を塗ったものです。何が何やらわからないままに、次々と作法がすぎていき、そのなかで「次第《しだい》を取れ」といわれ、何かなと思っていると、お戒師さまがいわれた言葉を同じようにくり返して唱えることだと、兄弟子がささやいてくれました。

我昔所造諸悪業《がしゃくしょぞうしょあくごう》
皆由無始貪瞋癡《かいゆうむしとんじんち》
従身語意之所生《じゅうしんごいししょしょう》
一切我今皆懺悔《いっさいがこんかいさんげ》

「人間は知った上で悪を行ずることは、もっとも愚かなことであるが、知らず知らずのうちに善いこともしているが、悪いこともしているものである。その、おこなった悪業の一つひとつをここで申し述べ懺悔《ざんげ》するのだが、思い出さないこともあろうから、生まれてより今日までに自分で造った悪業に対し、いまここで一切を懺悔するのである」とお戒師さまから教えられました。

念珠《ねんじゅ》、衣、袈裟《けさ》と授《さず》かりものがあり、それを身につけていくのです。

親の恩も友の愛も棄てる

そこでまた「次第を取れ」となり、

流転三界中《るてんさんがいちゅう》
恩愛不能断《おんないふのうだん》
棄恩入無為《きおんにゅうむい》
真実報恩者《しんじつほうおんしゃ》

「三界（この世の中のこと）をさまよっているうちは、人間は恩や愛におぼれ、それを断つことができない。親の恩も友の愛もすべて受けた恩も愛も忘れてはならないが、その恩をもっと大きな社会の恩に報いるために、いま得度にあたり、親の恩も友の愛も衆生《しゅじょう》（生命のあるすべてのもの）の恩もすべて棄《す》て無為の世界（さとりの世界）へ入り、真実の報恩者になりなさい」

と諭《さと》されました。そのときはすべてに夢中で余裕がなかったけれども、いま少し余裕をもって考えてみると「なるほど」と思えるような気がします。

受けた恩を、時がたつと、すっかり忘れてしまっている人がいますが、忘恩と、棄恩とは根本的に違うことが、ようやくいまになって理解できるようになりました。

悪事を己に向け、好事を他に与えよ

居候のあいだは何かと余裕があったし、周囲もまた客分扱い（客としての取扱い）でしたが、いざ得度《とくど》も終え小僧生活に入ると、何と、何とも厳しいもので、身体にも、気持にも余裕なんてほとんどなくなりました。

まず小僧になった後、師匠が私どもにいわれました。

「『カラスは白い』とだれが聞いても間違いであることがはっきりしている間違いを、わしがゆうておっても、お前たち小僧の意見を聞く気はない」

では何があるんかいなあ、と考えてみると、結局「はい」という返事だけが残ったのです。ただ、師匠のほうから聞かれたことについては、大いに意見を申しても、それはよく聞いてもらえました。

あるとき、台所に佛さまにお供えする花を組み合わせて、水につけてあったのですが、それを誰かが何本か抜いて、他のところに使ってしまい、組み合わせてあった花の形が変わってしまっていたのです。たまたま私がその花の横に立っているとき、師匠の目に止まり、だれが抜いたと聞かれたので、「知りません」と答えました。そのとたん――

「馬鹿者、卑怯《ひきよう》なことをいうな」

と一喝《いっかつ》され、びっくりしました。

私としては、知らないから「知りません」といっただけなのに、何で怒られんならんのかいなあ、とそのときは不服でもありました。

「悪事を己《おのれ》に向け、好事を他に与え、己を忘れて他を利するは、慈悲《じひ》の極《きわ》みなり」という教えがあります。

かんたんに申せば、「好《よ》くないことは自分のせいにして、好いことは他人の手柄にしてあげ、自分を後にして、人のため社会のために働く」という考え方です。

師匠の一喝のなかに、この「忘己利他《ぼうこりた》」の言葉があったのです。

人材育成のための『山家学生式《さんげがくしょうしき》』

いまになって思うと、やっぱりバラケた花の横に自分がいたということは、それはそれなりの縁です。だれか他の人がしたことであっても、「すいません!」と一言で済んでしまうことなのです。

「忘己利他」

この教えは、伝教大師《でんぎょうだいし》最澄上人《さいちょうしょうにん》の教えであります。伝教大師は十九歳の春、奈良の東大寺の戒壇院《かいだんいん》で二百五十の戒律（僧が守らなければならない規律）を受けて、一人前の僧侶《そうりょ》の資格を得られました。その年の夏、人跡《じんせき》まれな比叡山に分け登られ小さな草庵をむすび、理想社会の実現のため、熱烈な求道心《ぐどうしん》を以て身心を捧《ささ》げ、このお山を、よき人材を育成するためのお山にしようと『山家学生式』を定められました。

『山家学生式』とは、最澄上人が比叡山における人材育成のための理念と修行の規則を示した書であり、比叡山で人材を十二年間にわたり教育し、立派な人格者を育成することを理想として書かれたものです。そのなかに「忘己利他」が示されています。いまもって浅《せん》学《がく》非才《ひさい》な私にとって、この教えを実践することは、並大抵のことではありません。

ましてや、佛教の「佛」の字すら書いたことのない在家者の私が出家したころには、解釈すらおぼつかないことでしたから、忘己利他を「もうこりた」「もうこりた」と皆で語っていたことを思い出します。

他人の失敗を自分の責任に

僧侶という職業は、まったく見返りを求めない喜捨《きしゃ》（施《ほどこ》し物）を受けることがあります。また私ども僧侶にかぎらず、どなたでも、他人さまから金品を贈られることがあると思います。お中元やお歳暮、お年玉もそうです。そんなとき、人はみな、いただいた直接の相手には感謝をしますが、それ以外のことは考えません。果たしてそれで十分でしょうか。その人が私にこの品物をプレゼントしてくれた、ということは、その人にそれだけの品物を贈ることのできるゆとりがあったのだと思うのです。金額の多少や、贈るために少し我慢をしなければならないことなどは、このさい少し横においておきます。

とにかく今日食べる米を買うお金がない人に、何か贈れといっても無理だし、また贈れる道理もありません。その相手が自分に金品を贈ってくれるためには、その贈ってくれた相手に対して有形無形のささえをして、そのゆとりを生み出してくれた背後の人びとがいたからこそ、仕事がうまくいき家庭が平和で、他人《ひと》に贈り物をするゆとりが生まれてくるものなのです。

だから、直接の相手に感謝をすると同じに、その向こう側にいる人たちにも感謝をしなければいけないのだと、私もやっと最近思えるようになってきました。

何をとってみても、自分だけの力で成り立っているものは、一つもありません。人間だけでなくすべての生きものが、自然のなかにいろいろな関係を保ちながら生かされ、その恩恵を受けています。地球の四十六億年の歴史をさかのぼれば、すべての生命は一つの細胞からの派生でしかないのです。

それを思えば、自分が、私が、という気持を少し抑えなければいけないと思うし、抑えることができたなら、他人の失敗を自分の責任にすることもできるようなやさしさと勇気が、ちょこっと芽生えてくるような気がします。

第二章 育

サイパンで知る四つの恩と三宝の恩

サイパン島へ青少年を派遣しはじめて、もう二十五年になります。

対象は小学校高学年から中・高校生で、新聞やテレビで公募しています。応募にあたっては、「なぜサイパンへ行きたいか」という趣旨の作文を書いてもらい、その作文を私が読んで四十～五十名を選んで毎年、連れていっています。

なぜサイパンへ連れていくのか――それにはいくつかの理由があります。日本は非常に豊かになった。戦中、戦後のあの物のなかった時代に、がまんにがまんを重ねて生き抜いてきた六十、七十、八十代の人までも、今日の物質に恵まれた時代にどっぷりと首までつかってしまっています。そんな経験のある人すら、物のあるのが当然のように思い込んでいる社会です。

ましてや戦後、高度経済成長期以降に生まれた青少年には、物のあるのが当たりまえというのが、生まれたときから身についてしまっています。

しかし、そんな状態は当たりまえではないんだということを、やっぱり子供たちに知らしめることが大事だと思うのです。

たとえば水道の蛇口をひねれば二十四時間水が出るものだと思い込んでいる。でも、二十四時間いつでも水が使えるのは、水道の蛇口の向こうに、二十四時間水を管理し水を送ってくれる大勢の人たちがいるからなのです。

そういうことがわかった上でなら、このように便利で快適な生活を営むことは、それはそれでいいと思うのです。

日本はかつて戦争をして、そして負けました。負けた結果、今日のような社会が生まれました。ひょっとして日本が戦争に勝っていたら、まったく違った社会が生まれていたでしょう。こういう物に恵まれた、そしてあるていど自由な社会が、戦争に敗れた結果として生まれたということは、それはそれですなおに喜ぶべきことです。

ただ、いまわれわれが平和のうちに暮らしているのは、あの戦争で犠牲になった方々のお陰であるということを忘れてはならないし、またそのためにも一年に一度ぐらい感謝の気持、供養の念をもつべきだと思うのです。

痛みを忘れない

痛みを忘れない――私など小僧時代によく料理をしましたが、間違って手まで切ってしまって、「あ、痛ッ」と思ったことがあります。その痛みを忘れないことが、この次、白菜や大根を切るときの注意につながるのです。

戦争というものをまったく知らない世代が戦争ごっこや戦争映画を楽しみ、戦争をゲームのように思い込んだときに、実際恐ろしい部分が、この社会にめばえるような気がするのです。

戦争とは人と人との殺し合いであり、破壊以外の何ものでもない、恐ろしいことなのだということを子供たちに正確に知らしめて、そしてふたたび戦争をおこさない心構えを継承、伝達していこうという趣旨で、サイパン派遣をはじめたのです。

サイパンという島は、戦前三十年間日本が信託統治し、日本人が七、八万人も家族で住んでいました。日本の街も学校もありました。そういう島が戦争末期激戦地となり、四万五千人とも七万人ともいわれる人びとが玉砕《ぎょくさい》したのです。

いまだに玉砕当時の戦争の傷あとが残っています。山に入ってちょっと土を掘れば骨が出てくることがあるし、赤くサビた高射砲が放置されてあるし、また米軍が空と海から無造作に射ち込んだ弾丸《たま》のあとが岩に残っています。砂浜には戦車が放置されていて、引き潮になるとキャタピラまで海面に現れ、満ち潮になると海水に隠れてしまう。

こんな悲惨な光景が戦後五十数年間、一日に二度、変わることなくくり返されているのです。いまだにサイパン島では、戦争の傷あとはぬぐいきれていません。

最近のサイパンには年間五十万人を超える日本人観光客が行きますが、私が二十五年前にサイパンに行きだしたころは五万人にも満たないほどでした。そして高射砲に若い女性が水着で馬乗りになって写真をとっている光景を見ると、「ああ平和だなあ」と思うと同時に、戦争のとき、まさにこの場所で命を落とした人たちのことが、わかっていないんだなと痛切に思います。

そんなことで、戦争の傷あとの残るサイパンへ青少年を連れていき、戦争の恐ろしさを知らしめ、犠牲者に供養の念を手向《たむ》けようというのが目的の一つです。

四つの恩の恵み

さらに、これからはグローバルに考え行動しなくてはならない時代ですから、青少年は国際感覚を身につけなくてはいけないと思うのです。そして、英語が世界の共通語のようになっているわけですから、それになじまなければなりません。

そうするとサイパンは英語圏であって、島国ですから治安が他の国よりもよくて、日本のように物質がそれほど豊かでない、しかも日本から三時間ほどで行けて、費用の面でもべらぼうに高くはつかない。――いろいろな条件を満たしてくれるということで、サイパンという場所を選んだわけです。

現地へ行くと、いろいろなことをします。バンザイ岬で慰霊法要《いれいほうよう》もします。バンザイ岬《クリフ》というのは、米軍が上陸したとき、生きて辱《はずかし》めを受けるよりはと、お母さんたちが乳呑《ちの》み子を抱いて世界一サメが多いという海へ「バンザイ」と叫んで、身を投じて死んでいったという岬なのです。

でも、ほんとうに「バンザイ」と叫んだかどうか、乳呑み子を抱いたお母さんにも、そのまたお母さんがあり、「お母さん」と叫んだ人も多かったに違いありません。ともあれ、その岬から多くの日本人が身を投げたことは事実です。

法要の最後には、全員で『般若心経《はんにゃしんぎょう》』を唱えるのです。スラスラと読めるようにと、出発前に何回かお寺に集まって、般若心経の読み方と内容を勉強するのです。そのときに、私は毎回「四恩」というお話をするのです。

この四恩を受けないで生きていける人は一人もいません。

「おれは一人で儲《もう》けた。どう使おうと勝手や」

「私は私の人生を歩んでいるのよ。人の世話になどなったことがないわ」

という人もなかにはいますが、そういう人もやっぱりこの四恩の恵みがなければ、生まれてくることも、生きていくことすらもできません。

大きな「?」(クエスチョン)

四つの恩とは、父母の恩、衆生の恩、国家国土の恩、そして三宝《さんぼう》の恩――です。

お父さんお母さんの恩を受けたからこそ、自分たちが人間として生まれてきた。これは否《いな》めない事実ですから、親に対する恩は無条件で認めていかなければなりません。

お父さんお母さんにも、それぞれお父さんお母さんがいる、ずうっとさかのぼっていけば、ご先祖に対する感謝をもつようになります。

衆生。自分以外のすべての生命を衆生といいます。鳥のさえずりで心がホッとしたこともあるだろうし、花を見てきれいだなと思うこともあるでしょう、樹木が空気中の二酸化炭素を吸ってきれいな酸素を吐き出してくれる――そういう恩にも感謝しなくてはなりません。

　また国家国土がなければ、われわれの職場も、家庭も、生活自体も成り立ちません。人間が生きていく上で、国家国土意識をもつべきでしょう。われわれは縁があって日本国に生まれて、いま日本の国土に生活していることを素直に感謝しなくてはならないと思うのです。

　そして三宝の恩――遠い昔にお釈迦さまが教えを示された当時は、人間の精神は高いところにはなかったが、お釈迦さまの教えによって高まっていき、そして社会を形成する上での規範とか道徳とかが定まっていった。そういうことが今日の文化的な生活の礎《いしずえ》になっています。

　ですから、真実の教えを示されたお釈迦さまと、その教えである佛法と、その教えを今日まで継承してきているわれわれの先輩たちの三宝、いわゆる佛・法・僧の三つに感謝するということで三宝の恩を説いているのですが、どこまで身につけてくれるのか、大きな「？《クエスチヨン》」です。

人を育てることは無償の行為

サイパンへ行きますと、慰霊法要とともに文化交流をすることも、大事な目的の一つです。

文化交流の一環として、現地のご家庭に泊めていただくホームステイをしたり、野球大会を催したりするのです。

われわれが初めて行った当時は、野球をするのに紙のベースを使っていました。グローブも全員にはないのです。キャッチャーと内野手ぐらいがグローブをもっていて、ピッチャーも外野手も素手でボールをとっている。これは気の毒だと、毎年ボールとかバット、グローブをもっていって、野球大会が終わるとプレゼントしてきました。

また柔道人口も結構あり、柔道の経験のある人が参加したときには、柔道大会をやったりします。

また、学校の授業参観をする年もあるし、バスを連ねて現地の観光もします。サイパン政府が十八年前からスクールバスを二台、運転手つきで提供してくれ、われわれが滞在しているあいだ付き切りでいてくれるのです。

あの黄色いスクールバスをテレビや映画で見たことはあっても、実際に乗った人はあまりいないでしょう。このスクールバスであちこち移動するのですが、サイパンではスクールバスが何よりも優先します。スクールバスが停まって子供たちを乗り降りさせるときに、赤いランプが点滅すると、他の車は乗り降りが終わるまで停まって待っているのです。

だから子供たちはパトカーよりも優先の車に乗れたと、大喜びしています。

ところで、このサイパン派遣は新聞で公募するのですが、それに対していろいろな作文が送られてきます。

「ぼくはサイパンのことを新聞で知りました。サイパン派遣に応募したいと思います。サイパンのことを知って思い出すのは、四十三年前の戦争のことです」と、小学六年の男の子が書いてきたりします。小学六年生が四十三年前の戦争を思い出すものですか――お父さんお母さんの作文に決まっている。こんな作文は全部は読みません。

タダやから行きたい

応募要項には、作文と一緒に親権者の同意書と、医師の診断書をつけて応募してくださいと書いてあります。医師の診断書は、団体行動ができるかどうかの健康状態を知る上で必要なのです。

そうしますと「私は健康です。お父さんにサイパンに応募するといいましたら『それはいい』といわれました。それで作文を書いているのですが、実はお父さんが『サイパンに行けるか行けないかわからないうちに、千円もかかる診断書を先に出すのは、おかしい』といってお父さんは千円をくれません。だから診断書を出せません。でも私は健康です」と中学生の女の子が書いてきたこともあります。

そうかと思うと、二千回ぐらい「行きたい行きたい行きたい……」と書いてきた子もいます。二千回も「行きたい」と書かれたら、やっぱり連れていってやりたいなあという気にもなります。

もっとはっきりしている作文では、「タダやから行きたい」というのがありました。サイパン派遣は無料なのです。

なぜ無償で連れていくかというと、たとえばいま、青少年たちがお父さんお母さんからお金をもらって塾へ行っている。すると、お金を払って来ているんだという意識が、お金を払っているんだから、うまく教えるのが当たりまえという交換の意識が子供に生まれます。そういう意識があると、塾の先生に対して尊敬とか感謝の気持は生まれにくい。「ありがとうございます」という言葉すら心から出てこないのです。

青少年育成をやる以上は、大人の責任として親がわが子を育てるように無償行為でなければ駄目だということが、私の基本的な考え方なのです。費用を調達しないので、「タダやから行きたい」といった作文がくる。こんな子のほうがすっきりして気持がいいでしょう。

それから私は、絶対に面接をしません。面接をして選考すると、大人というのは本当に依怙贔屓《えこひいき》がきついから、面接するとかわいらしいとか、おとなしそうだとか、りこうそうだとか「お父さんの職業は」と聞いて「社長や」といわれたら、ひょっとしたら寄付もらえるかなと思って選んだりすることも、絶対ないとはいい切れません。

それなら、本人の気持が書いてある作文だけで選考しようと考えたのです。それにしても、毎年、千五百～二千人のなかから、四十～五十人を選ぶのは、つらいことです。

生涯忘れない感動に

サイパンへ行くと子供たちは現地の子供と自由に交流します。あるとき「ワーッ」と喜んでいるので「どうした」と聞いてみると、英語が通じたというのです。英語がペラペラしゃべれるような子供はいないのですが、単語が一つ二つ通じたことで、英語が通じたと喜んでいる。その喜んだ子供の次の興味が、もっと英語がしゃべれたら、どんなに楽しいかなという気持になっていくのです。

サイパンから帰って、夏休みが終わり二学期が始まると、親や先生にいわれなくても英語を一所懸命勉強しはじめ、成績がグーンと上がったという子供が毎年いるのです。

子供たちに「しなさい」という前に、「やろう」とする気持が起こるような環境をつくってあげることが大事だなと、改めて思います。

これまで二十五年間、幸いなことに事故も事件もなく、無事に実施してくることができました。しかし、もし船が沈んだとか、溺れたとか、不慮の事故にまき込まれたときに、連れていくまでは無料だとかで喜んでおられた親御さんが、果たしてそのとき「いやいや、私たちの子供の責任です」といってくれるでしょうか——

以前に新聞で読んだのですが、近所の子供たちをキャンプに連れていったボランティアグループがあります。リーダーたちが目をはなしたスキに、一人の子供が川の深みにはまって気の毒にも亡くなり、引率者に責任問題が生じました。慰謝料も親から請求されたし、マスコミも世間も責任を追及しました。

サイパン派遣でも、このようなことが絶対起こらないという保証はありません。そのとき私は、社会の非難も甘んじて受けようという覚悟でいます。

そんな覚悟もなく、「何か起こったらかなわんなあ」と思ったら、こういうことは一切できません。それぐらいの腹づもりで、これをつづけているのです。

またサイパンに行ったあと、私は何の強要もしていません。行きっぱなしというのが、ほとんどです。

でも、この子供たちが親元をはなれてサイパンに行ったことと、子供が大人になって自分のお金で海外旅行に行くということの意味とは、ぜんぜん違うはずです。サイパンのことは、生涯忘れないと思うのです。

「まあ、この子はいうことをきかんなあ」とわが子に手をやく年齢になったとき、小学五、六年の子をもつ親の立場になったとき、「そういえばこの子の年にご三宝莚《さんぼうえん》からサイパンへ行ったんやなあ」、「あのとき勉強会で〝お父さん、お母さんを大事にしなさいよ〟と、口やかましくいわれたが、こういう意味だったのか」と、思い出してくれればいいと思っているのです。

今年サイパンに連れていった子供たちが親になって、私がいったことを思い出す。そのとき初めて、私の願いが芽吹くのだと思っています。それぐらい先に照準をあてないと、青少年育成とか、人を育てるということはできないと思うのです。

私は僧侶として、宗教家として、つづけられる限り、このサイパン派遣をつづけていこうと決めております。

平和をムダづかいすると平和がなくなります

青少年のサイパン派遣に対して毎年、千五百通から二千通の応募作文が届きます。ある年そのなかに、ハッとする作文がありました。小学二年の女の子からだったのですが、文中に「平和をむだづかいすると、平和がなくなります」という言葉があったのです。大人は「平和をむだづかいする」というような発想をするだろうか、と考えたときに、すごい発想だなと思いました。それで一ぺん、この子に会ってみたいという気になりました。

毎年連れていくのは小学校の高学年から中学生、高校生が対象だったのですが、この子は小学二年。迷ったのですが、やはりどうしても会ってみたくなって電話をしました。すると、電話に出たのはその子のお母さんで、こんなことを話されました。

「実はうちは母子家庭なんです。母親の私しかおりませんので、何でも責任をもたせて、やらせております。だからご迷惑をおかけするようなことはないと思いますので、歳は小学二年ですが、何とかサイパンに連れていっていただけませんでしょうか。とっても行きたがっているんです」

とにかく、一ぺん会ってみようということで、お母さんと本人がお寺にやって来ました。話してみると、なかなかしっかりした子だったので、サイパンに連れていったのです。

それが縁で、その家庭は上にお姉ちゃん、下に弟の三人姉弟でしたが、翌年には上のお姉ちゃんが応募して来て、またサイパンに連れていきました。

そうこうするうちに、お母さんが子供を連れてお正月などに私のところに来たりして、その子供たちも私を父親みたいなつもりになっているのか、なついて来てくれるようになりました。男の子など、自分が大事にしているキン肉マンを「プレゼントや」といって持ってきてくれたりしました。

ところが、あるときお母さんが体調を崩して入院されたのです。母子家庭ではあるけれども、母子家庭の認定を受けないで、「子供は自分が働いて育てます」という勢いで働いておられましたから、無理があったのだと思うのです。会社を休むために、診断書を提出しなければならないので、病院で書いてもらったそうです。

ふつう診断書は家族へ渡すものですが、本人しかいないため、お母さん本人に渡されました。お母さんは開けなくてもいいのに封筒を開けてしまい、その診断書を読んでしまいました。

「悪性腫瘍《しゅよう》」と書いてあったのです。ガンです。それで手術を受け、ガンの治療をしました。小さな弁当箱のような箱を腰の横につけて、そこから出ている管が身体の中へ入って、悪性腫瘍の部分へ適量のクスリが毎日、流れていくのです。

いっとき良くなって、退院され、また働き出しました。

手編みのマフラー

翌年の二月、サイパンから招いた青少年を山形県の米沢《よねざわ》に連れていくことになりました。

実は私は毎年、日本の青少年をサイパンへ連れていくとともに、サイパン政府が選考した青少年を日本へ招いています。常夏《とこなつ》の島ですから、雪を見せてあげよう、手にも触れさせてあげよう、スキーも体験させよう、大きな風呂にも一度入れてあげよう。動物がほとんどいない島ですから、動物園にも連れていってあげようということで、社会見学もさせています。それでその年は、米沢に行くことにしたのです。

そのときに、そのお母さんから家族でお手伝いをしにいきたいといって来られました。

病みあがりのお母さんでしたが、サイパンから来る二十数人の子供たちのマフラーを全部、編んでもって来てくれました。もちろん、手編みでした。

防寒に関しては毎年、私がジャンパーからセーター、下着、靴下、靴、マフラー、手袋など一式をそろえてプレゼントしておりました。それがその年は、マフラーだけは、そのお母さんの編んでくれたものになりました。

サイパンの子供たちはみんな喜んで首にまいていました。米沢には五日間いて、お母さんもサイパンの子供たちのお世話を一生懸命にしてくれました。京都に帰ったとき、お母さんは「疲れたけど、楽しい旅だった」というんです。

「それはよかったですね」というと、「これが家族で行く最後の旅かもわかりません」と、さびしいことをいうのです。

「そんなこといわんと、まだまだ元気でやらんといかんですよ。子供も小さいんだから」と、まだ四十代前半の人でしたから、励ましていたのです。

そうしたら、その年の四月に電話がかかってきて、「また調子が悪くて入院しました」というのです。びっくりしました。

おかあさんが死にました

そのときは、そんなに絶望的な様子ではありませんでしたが、六月のある日、旅から帰って留守番電話を聞くと、下の男の子、小学一年になっていましたが、その子の声で「おかあさんが死にました、早く来てください」という電話が入っていました。そして他の連絡が入っていて、またしばらくしたら、まん中の女の子、最初に「平和をむだづかいすると、平和がなくなります」と作文を書いてきた子が「お母さんが死にました、早く来てください」と、やっぱり同じ電話が入っているのです。

そしてまた他の電話があって、最後にいちばん上の女の子の声で「お母さんがきょう××時ごろ、死にました。いま霊安室で、まつってもらっています。帰ったら、早く来てください」と電話がありました。

病院は大阪でしたので、飛んで行きましたら、お母さんはすでに霊安室におさめられていました。私が戒名をつけさせてもらい、宗旨《しゅうし》のお寺さんに頼んで来てもらって、霊安室で葬儀をしました。

男の子はまだ小学一年ですから、伯母さんや会社の人たちが来たりで、人がいっぱいいるので、喜んでいるのです。上とまん中の女の子は、わりとしっかりしていて、あまり泣きはしませんでしたが、泣かないぶんだけ、こちらが悲しくなりました。

そして下の子が無邪気にはしゃいでいるのを見ていると、もっとつらい気がしました。

お父さんがいないところに、こんどはお母さんまでもがこんなに早く亡くなられて、この子たちはいったい、どんな思いでいるのか、これからどのような気持で生きていくのかと考えますと、この年齢になるまで両親のいる自分は本当にありがたいことだと思ったものです。

それにしても、この子たちを残していったお母さんは、どんなに後ろ髪を引かれる思いだったことかと、胸が痛くなりました。

上の女の子が、「お母さんが死ぬ前に『和尚さんがいるから、安心や』といって死んでいった」というのです。私も安心されたらかなわんなあと思っているのですが、お母さんは私に、子供たちのことを託したいと思ったのでしょう。でも、この姉弟たちにもそれぞれ考えがあり、成長していくなかで、自分の意思で一生懸命に生きていったら、それはそれでいいのです。

しかし、私みたいな者でも姉弟たちの意思で頼ってくれるなら、私は私なりに一生懸命手助けをしたいと思っているのです。

考えてみると、初めに「平和をむだづかいすると、平和がなくなります」という小学二年の女の子の言葉に、私が感動して、それがこの家族とのつながりになったわけです。言葉の大切さを改めて思ったことです。

一隅を照らす、これ国の宝なり

「三宝莚」というお寺を白紙の状態から新規建立《こんりゅう》しました。「三宝莚」の名は『山家学《さんげがく》生式《しょうしき》』の中の言葉に因《ちな》んだものです。

『山家学生式』は伝教大師が叡山において国家の指導者を養成せんとして作られた学則ですが、中に次のような一節があります。

「能《よ》く言いて行うこと能《あた》わざるは、国の師なり。

能く行いて言うこと能わざるは、国の用《ゆう》なり。

能く行い能く言うは、国の宝なり。

三品《さんぼん》のうち唯言うこと能わず行うこと能わざるを、国の賊と為す」

能く言う（正しい学問、正しい知識を持って言うこと。へ理屈ばかりこねて、勝手なことばかり言うことは能く言うとはいわない）けれど、行うことはなかなかできない。そういう人を国師という。

能く行い（正しい行動、人の為になる行いをすること。反社会的なことや、人の嫌がることを行う人を能く行うとはいわない）はするが、あまり能く言うことができない人のことを国用《こくゆう》という。

能く行い、そのうえ能く言うことのできる人のことを国の宝とする。

また、能く言うことも、能く行うこともできない人を、国賊という――ざっとそんな意味です。

すなわち三宝莚は、ここにうたわれている国師、国用、国宝の三つの宝を育てようと三宝と名づけたのです。

そして、「莚」はエンと読みますが、これは「むしろ」という字です。畳もむしろです。日本人はむしろの上で生まれ、むしろの上で読み書き、そろばんを習ってきました。徳川時代、すでに日本には全国でおおよそ三万五千もの寺子屋があったそうです。この時代にこれだけの数の教育機関がととのっていた国は、ほかに例がないと思われます。

寺子屋は、当然お寺でした。大きな伽藍《がらん》がなくても、莚一枚あれば人を育てることはできます。三宝莚は雨がふれば大きな建物の軒先を借りて莚一枚敷けばいいし、暑い夏なら大木の陰に莚を敷けばいい。春のうららかな日であれば野原に一枚莚を敷けばいいのだということで始めました。

それも法の莚を開こうということです。法律の法は「ほう」と読みますが、仏教では法を「のり」と読みます。「のり」はダルマといいます。ダルマとは、真実、真理という意味で、世の中で真実、真理は一つしかありません。

その真実、真理を法の莚の上で勉強するというのが、三宝莚の「莚」にこめた思いです。

与えられた責任を果たせる人

人材育成といっても、もうすでに六十年も七十年も年を重ねておられる大先輩諸氏に対し、私ども若い世代の者が申し上げることはないかもしれません。

でも、私どもの次を担う青少年の育成はまた、逆に私どもに与えられた責任のような気がします。

伝教大師による『山家学生式』の教えの一節に、

「故に古人言《いわ》く、『径寸《けいすん》十枚、是れ国宝に非ず。一隅を照らす。此れ則ち国宝なり』と」

と書いておられます。

与えられた責任を果たせる人、この人のいるおかげでと思ってもらえる人が一隅を照らす人であります。つまり、求められる人のことです。

「あいつはあてにできん」と思われたらもうその人は存在価値がありません。

三宝莚は、伝教大師の申される一隅を照らす人を育てることが三つの宝を育てることになっていくと思っているのです。

では、どのような育て方をすると一隅を照らすような人材になるのかということですが、それは大師が申しておられる四恩に報いる精神を持った人です。四恩とは、父母の恩、国家国土の恩、衆生の恩、三宝の恩であります。この四恩を受けないで生きていけるものは一人としていません。

急に電気が起こり灯りがついたわけではないし、急に自動車が湧いてきて走り出したわけでもない、飛行機が勝手に飛んだわけでもないのです。

どれ一つとっても、先徳たちが苦労に苦労を重ね、幾度となく失敗を重ねながら努力してくれたおかげで、私たちが今日のような文化的な生活ができるようになったのです。

その大本《おおもと》は人心の高揚を図り、高い精神を持った人間をつくろうと教えを示されたお釈迦さまと、そのお釈迦さまの教えです。

このことをよく理解し、四恩に報いる人材になってほしいということが三宝莚の願いなのです。

第三章

草

励みがあれば人間生きられる

私が小学校へ通っているころ、私の生まれたところは伴谷村《ばんたに》といいました。いかにも山中の田舎を想像されると思うのですが、その通りの田舎です。滋賀県で甲賀流の忍者の里で知られる甲賀郡水口町《みなくちちょう》です。

私が小学校六年間を通して一つだけ自慢できるのは、一日も学校を休まず、遅刻早退もしなかったことです。少々腹が痛くても頭痛がしても、学校にだけは行きました。でも、授業が楽しくて学校へ通ったわけではありません。しいていえば、図工、書道、体育といった科目は好きでした。机に向かっての学習は、いっさい不得手でありました。

遠足も楽しみでしたが、極めつけは何といっても運動会です。当時の伴谷村は（現在もたいした変化はありませんが）丘のような低い山に囲まれ、西から東北へ五キロほど細長く伸び、五つの字《あざ》（地区）に分かれた山村でした。ほとんどが専業農家で、娯楽施設などなく、村をあげての楽しみは学芸会と運動会でした。もちろん両方とも中心は私たち小学生ですが、村の青年団が合同参加して盛り上げるのです。

九月になり二学期が始まると、学校へ行くのが、それはもう楽しくなってくるのです。算数や国語や理科を得意とする人は、その授業を受けるのが楽しくなるものですが、私は体育をいちばん得意とするので、運動会のある二学期がいちばん好きでした。運動会の練習のため、体育の時間が増えていきます。最初は一日一時間、それが二時間になり、三時間と増え、運動会の十日ほど前になると、昼からは全部体育の時間で、運動会の練習になるわけです。

運動会の当日は、晴れなら早朝に花火が上がって、運動会の開催されることを村中に知らせることになっているので、寝る前に必ず明日は花火が上がりますように、と祈って床に入るのです。

その日ともなると、ふだん起こされないと起きないのに、遠足の日と、この日だけは、起こされないうちから早起きして空をながめ、晴れていれば心が躍ってきて、早く花火よ上がれと待ちわびるのです。

スターの短い一日

娯楽のない村のことですから、村中の人が家を空にして小学校へ集まり、持ってきたござを敷き、前の晩から作って重箱に入れてきた見栄っ張りのご馳走を、隣の人たちと交換しながら、ワイワイ、ガヤガヤと騒ぎます。

当時の運動会はぜんぶが競走でした。個人競走か、字の対抗です。私はいつも、個人の部にも字の対抗戦にも選手として出場するので、母親はじめ家族にとっては、運動会の日ほど楽しい日はほかになかっただろうと思います。

というのは、私の母親は、ふだん授業参観やPTAなどで学校へ出るときは、たいてい先生に小言をいわれて小さくなっているほうだったからです。同じ学校へ出るのでも、運動会の当日だけは、いろいろな競技に息子が顔を出していて、しかも出場すればほとんどが先頭か、悪くても二位くらいで走っているから鼻が高いのです。

だから、「まあ見てください。あれがうちの息子です!」といわんばかりに、大声援を送るのでした。

親がそうですから、当人はそれ以上にその気になって、大スターの気分です。スターの短い一日が終わると、一抱えにもなるほどのエンピツやノートの賞品を獲得し、胸を張って家に帰るのです。帰ってからも、家族のなかではまだまだスター気どりで、疲れも知らず一日の出来ごとを得意満面で吹聴《ふいちょう》するのです。

そして次の日から、来年の運動会を励みに、一年間じっと我慢して学校へ通い机に向かうのです。

もし運動会がなければ、遠足がなければ、学芸会がなければ、私の六年間の皆出席は絶対無理だったでしょう。一つの励みが、いやなことを消し、励みがあるから人間少々の難関も乗り越えることができるのです。大の大人ですら、毎日の生活のなかで、何らかの励みを見つけて暮らしているのではないでしょうか。

人生、先々に励みを見いだしていかなくては、生きていることすらおっくうになるものです。ましてや子供に毎日の励みがなくて、子供が生きていけるでしょうか。

ちょっとした励ましが大きな力に

ところで、私の同僚が比叡山の西塔《さいとう》にある常行堂《じょうぎょうどう》で、常行三昧《ざんまい》の修行をしたときのことです。この修行は「常行」ですから、九十日間お堂に籠《こも》りっぱなしで、堂内の四隅を念佛を唱えながら歩きつづけるのです。止まってよいのは、食事のときと、便所へ入るときと、決まった時間に風呂に入るときだけ。食事もお堂へ運んでもらって食べ、便所もお堂の横にあるので、ほとんど堂外へ出ることはありません。もちろん臥《ふ》して眠ることは一切なく、柱などにもたれて立ったまま仮眠するのです。しだいに身体の血が足のほうへ下がるのを、紐《ひも》で太股《ふともも》を縛って防ぎながら行道《ぎょうどう》します。

九十日間ですから、足腰を痛めたり、内臓を悪くしたり、いろいろなことが起こってきます。

台風が通過して、比叡山全体に大きな被害があったときなど、樹齢二百年、直径一・五メートルもある杉の大木が倒れて、常行堂の屋根を直撃したことがあります。そのとき中で修行していた行者さんは、衝撃で飛び上がって、（私の修行の深みが足らんので、業風《ごうふう》が吹いて地が二つに割れたのか）と思い、骨に痛みを感じるほど合掌に力が入ったと話していました。

私の同僚は足を痛め、足がだめになると腰も悪くなり、足腰を引きずっての苦行でした。九十日の半分も歩いたころに、最後までつづけられるやろうか、と虚ろな気持で痛い足を引きずりながら堂内を歩いていると、誰かが堂外から「ガンバレよ！」と大きな励ましの声をかけてくれた。

「あ、がんばらないかん!」と同僚は思ったそうです。彼はその一言の励ましの声を聞いて、無事常行三昧の修行を満行したのでした。

ちょっとした励ましが、思いがけないほど大きな力を与えてくれるのです。

節が人間を強く謙虚にする

小学校の校長室に、八人の子供らが立たされて、校長先生みずからの尋問を受けています。

「君はいくつ食った」

「はい、僕は三つ食べました」

「そっちの君は、いくつ食った」

「はい、僕も三つ食いました」

「そっちのお前はいくつや」

「えーと僕は、三つか四つです」

私が小学校のころ、隣にあった女学校が教材購入費用の一部にするため、学校の裏口の畑に桃と栗を作っていました。子供たちはその桃を収穫前に盗んで食べたので、校長先生に叱られているのです。

桃畑には柵《さく》があるのですが、それをうまく乗り越えて中に入り、虫除けの紙ぶくろが被《かぶ》せてある桃の実にそっと触れてみます。熟れた桃か、まだ早い桃か、慣れた子供にはすぐわかるのです。

そうとう広い桃畑ですから、われわれのグループだけで取りに行っているのなら、桃の十個や二十個減ったところで、たいして目につかないのです。

ところが、ほかにも同じようなグループがあって何組かで入れ替わり立ち替わり桃畑を荒らすので、いくら広い桃畑といえども、実が目に見えて減っていくので、学校側で見張りを立てていたのです。

罰として八人は、いちばん人通りの多い玄関横の廊下の突き当たりに立たされました。頭の上に貼《は》られた紙にはこんなことが大書されています。

「この者たちは裏山のもも畑でももをとって食べた者である。ばつとして、今年の夏休みは、水泳をきん止します」

八人が一列に並んで全校生徒の晒《さら》し者になるわけですが、晒し者といっても、指をさしたり、からかったりなんかする子は一人もいません。反対に、同情的な目で「ガンバレよ」と声をかけてくれます。

なぜでしょうか。

田舎では、道を歩いていても少し手を伸ばせばとどくところに、柿や栗がなっているのですから、誰でも一つや二つは失敬しているのです。自分の家の畑にだって、トマトもあるし、スイカもマクワウリもあるし、庭には柿も、イチジクもあるのです。でも、やはり他所《よそ》の家の柿のほうがうまいのは、どうしてでしょうか。

遊ぶときはたいてい集団で遊んでいますが、そんなときも、他所《よそ》の柿や栗やトマトが、いつもおやつになるわけです。ときどき見つかって怒られることもあるのですが、怒っているおじさんの子供も仲間に入っているというのがパターンです。

一人でこっそりと他所の畑へ行って、桃や柿を取ってきて一人でこっそり食べるような、根暗な奴は一人もいませんでした。

ですから、いま立たされているのは、たまたま運悪く見つかった連中だということで、みんなが同情的なのです。人の失敗を、たとえ悪いことであっても、みんなで笑うようなことはなかったし、まして一人の人間を集団でいじめるようなことはありませんでした。

善きにつけ悪しきにつけ連帯感があったと思うのです。

ウサギ狩りの楽しさ

私たちの田舎にも、魚屋さんは何軒かありましたが、ほかに店といえば雑貨屋さんと農協の購買所くらいなもの。映画館もなく、もちろんテレビもない時代ですから、子供の楽しみといえば、もっぱら野山を駆け巡ってヤンチャをすること、秋は山へ行けば果物があったし、冬になると雪が降って遊ぶことが増えるので楽しかったものです。

冬、動きが鈍くなった動物を捕りにいくのも楽しみでした。

秋に田んぼへ出てきて米をいっぱい食べて、まるまると肥ったウサギを獲るのです。山すそに沿って横に網を張り、山の上から麓《ふもと》にかけてみんなで横一列にならんで、ワーワーといいながら下へ向かってウサギを追います。ウサギは前足が短く、後ろ足が長くて強いので、坂を上るときなどは人の足ではとても追えたものではありません。が、逆に坂を下りるときはジグザグにしか下りられないので、下に追われたウサギはつい慌てて転げ落ち、網に引っかかるわけです。

特別大人に教えてもらったことはありませんが、大人のウサギ狩りを見ていて、見様見まねで覚えていくのです。寒くなるとあまり動かない動物を、不意打ちするとよく捕れることも知りました。

春は何もなくても、ただ走り回っているだけで愉快なものでした。

また、春にはさまざまな出会いの楽しみがあります。入学、卒業による先輩や後輩との出会いもその一つ。中学校へ上がると、昨日まで顔すら知らなかった者同士が、今日はもう友人として仲良くなるという素晴らしい出会いもありました。

冬のあいだ枯木のように黙りこんでいた木が、驚くほど美しい花をつけているのに出合うこともあるし、土の中から顔を出した虫たちにバッタリ出合って、虫もびっくり、こちらもびっくりという出合いもありました。

夏はやっぱり水です。海や川、溜池《ためいけ》といったところがわれわれ子供の天国でした。朝から夕方まで、唇が紫色になるのもおかまいなしに泳いでいました。朝から泳ぎにいくと、先輩たちが、

「あの木の上から飛び込まんと、昼から泳がさん」

と圧力をかけるのです。昼からも泳ぎたい一心で、高い木の上からターザンのように飛び降りるのです。

夏に水の世界から切り離されたら、子供はまさに「陸に上がったカッパ」、天下の一大事です。

罰が下され、反省させられ、またその罰を許され、感謝する

桃をとった罰で立たされながら、その一大事について考えます。夏休みに泳ぐことを禁じられたら、どうすればいいか。

「隠れて、泳ぎに行かんならんなあ」

とため息が出ます。

「どこへ泳ぎに行く」

と小声で相談しながらも、

「桃、とらなんだらよかったなあ」

と反省の声ももれます。

一学期も最終日となって、明日から夏休み。嬉《うれ》しいやら、泳げないのが面白くないやら、複雑な気持で終業式も終わります。下校間際になって、例の八人は校長室へ呼ばれました。

「水泳禁止にしても、どうせ君たちは隠れてどこかで泳ぐだろうし、目のふれんところで泳がれて、事故でも起こされたら大変だから、特別水泳の許可をする。が、二度と桃をとってはいかん。そして今年の夏休みは、君らに校長先生からの宿題も出しておく。必ず、

宿題を忘れんようにやってくること。そして――」

まだあるのです。「家の仕事をしっかり手伝うこと。わかったな」

(校長先生は偉いなあ。僕らのことよう知っている)

放免してもらってから、心底、感心したものです。

竹に節《ふし》がなければ、あれほど高く折れもせず生長することはないように、人間にも節は必要です。ところどころに適当な節を作ることが、強く謙虚な人間をつくることになるのです。

何の罪悪感もなしに桃を盗んだことに対して罰が下され、反省させられ、またその罰を許され、そのことを感謝するという一つの出来事の流れを、校長先生はわれわれに教えてくださったのです。

機根に合わせ、教え、ほめ、叱る

私の師匠は、どの経典のどの部分に、どのようなことが書いてあるなどと、経典の中身を引用して話をされることはあまりありませんが、たとえば会話の中に出てくる何でもない言葉が、ちゃんとした経典の中身であったりするのです。

それに叱り方がうまい。何でもないことでも、叱られた後、しばらくすると「あ、自分が悪かったな」と思えてくるのです。大先輩たちが申されたことに、私の師匠がそのまた師（法脈で私のおじいさんに当たる方）にお仕えしていたころ、師匠は筆頭弟子でしたから、いつも弟弟子たちの失敗さえも、右代表で叱られ役になっていたそうです。

師匠の師は、後年の私には「やさしい和尚さん」の印象でしたが、当時はなかなか厳しい方だったようです。その方に弟弟子たちの分まで叱られてきたからこそ、師匠は能《よ》く叱ることを知っているのだと思えるのです。師や上司に能く仕えた人には、その弟子や部下も能く仕えてくれるものではないでしょうか。

ただ、叱ることは非常に難しいことです。

叱られる心の準備ができていないのに叱られたり、叱られることを知らないで育ってきた人間が、別の社会へ入ってガツンと叱られると、もう挫折《ざせつ》しかありません。

お母さんが子供のご機嫌をとって物を与え、叱らないで叱らないで育ててきた子供が、やがて社会へ出たとき、叱られ方がわからない、また叱られていないから、叱り方もわからないのです。そんな形で成長してきた青年が、たとえばそのまま学校の教師になったとしたら、どうでしょう。いまの学校には、そういう教師が少なくないようです。

辛抱強く育て導く

お釈迦さまは、悟りをひらかれたのち、まず誰にでもわかる、やさしい教えから説き始め、徐々に高度な教えを説いていかれました。お釈迦さまは、相手の機根（衆生《しゅうじょう》＝生きとし生けるもの＝の心に備わっていて、佛の教えを聞けば働き出す力）のととのったことを見定めて、機根に合わせて教えを説いていかれたのです。

ですから、まだ機根もととのっていないのに最初からガミガミ叱ったり、ましてや子供をたたくなどということは、とんでもないことです。

子供が二、三歳のころまでは、サルと同じくらいのレベルなのです。四歳をこえるとグーンとサルとの差がついてくる。だから、二歳や三歳の子供には、動物的本能のほうが先だっているのですから、ある程度は物で釣っていくことがあってもよいのです。

人間は年齢に応じて変化はありますが、老人も若者も、誰だって励みがなければ元気よく生きていけません。

二、三歳の子供の励みは、賢くしていたら、何かもらえる、泣きじゃくれば、何か与えられる――これが励みであったり、欲しいものを手に入れる手段であったりすると思うのです。

しかし、泣けば何か与えればよいということでもありません。しゃべれないから、泣くことで訴えようとしているのですから、何を目的に泣いているのか、それを知るのがお母さんです。

子供を授かり育てることとの機根のととのったお母さんであれば、その泣き声が何を訴えているのか、言葉のように聞こえてくるでしょう。子育てに対して機根のととのっていないお母さんであれば、子供の泣き声は、どんな泣き方であろうと同じに聞こえてくるものです。

伝教大師は、人材こそ国の宝であると申しておられます。そのために比叡山を人材育成の総合大学にしようと、『山家学生式』を定められ、佛の教えにかなった人作りをおこない、佛教が多くの人びとの生活の中に根づくことを願われたのです。

佛の教えにかなった人作りをするためには、佛の教えにかなった育て方をしなければならないわけです。

伝教大師はご遺誡《いかい》（ご遺言《ゆいごん》のこと）のなかで、

「我れ生まれてより以来、口に麤言《そごん》なく、手に笞罰《ちばつ》せず。今、我が同法《どうほう》、童子《こども》を打たずんば、我がために大恩なり。努《つと》力めよ努力めよ――」

と示しておられます。

「私は生まれてから今日まで、常に言動を慎み、あらあらしい言葉を使って人を怒鳴ったりしたこともないし、ましてや人を笞《むち》や拳《こぶし》で打ったりすることなどは、もってのほかだと考えてきた。とくに次代をになう若者こそ大事に育てなくてはならない。どうか童子をたたかないでほしい。辛抱強く育て導いてほしい。そのように行い育ててくれたなら、私は恩に着ます――」と申しておられるのです。

自らが範を垂れ、育てみちびく

ある日、私の師匠が何かの本を読んでおられ、

「お大師さんはえらいな！」といわれるのです。

「そうですね？」と受けると、

「お大師さんは、自分の弟子にまで敬語を使われたそうやなァ……」

伝教大師の五十六歳の生涯は波瀾万丈《はらんばんじょう》であったのですが、一生のあいだには腹立たしいことも山ほどあったと思えます。また手を振り上げたいこともあったかもしれません。しかし、そのつど感情を抑え、じっと堪え忍んでおられたのかもしれません。そして周囲には、つねに穏やかであったのだと思います。

「親の愛情を思いなさい」などといって、子供を叱ったりたたいたりするような親もいます。人なかで泣きじゃくっているわが子に、「もうこの子は！」などといいながら、手や頭をたたいている親を見ることもあります。母親といえども、わが子をたたく瞬間は、やっぱり腹を立てているのです。

そんなとき、母の愛情などというものは、よほどのことか、よほどの人でないかぎり、

どこかへ飛んでいってしまって、ただむかついてたたいているだけなのです。

伝教大師の教育方針は、教えこむことより自らが範《はん》を垂《た》れ、育て導くことなのです。米は一年計画で収穫でき、木は十年計画で植えていけばよいが、人づくりは百年の大計が必要であるといわれているのです。いかに人づくりが時間がかかって長期的なものかが窺《うかが》われます。失敗したとしても、米作りは一年、木は十年我慢すれば何とか成るものですが、人作りの失敗は百年取り返しがつきません。

性急な気持で人を育てることはできません。根気よく辛抱強く導くことが必要です。

母の愛は不動明王の愛

あるとき孔子《こうし》が車（馬車のこと）に乗って走っていると、大きな泣き声が聞こえてきます。車を止めて、泣き声のするほうへ行ってみると、一人の男が池のほとりで木の切株に座ってオイオイ泣いているのです。孔子がその男の肩にそっと手を置いて、

「これ、どうした。なぜ泣いているのか」

とたずねると、その男は顔をあげて孔子を見ました。

「あッ、先生」

「お前は、孔魚じゃないか」

二人ともびっくりして声をあげました。何と、その男は孔魚という孔子の弟子だったのです。

孔子に問われるまま、孔魚はわけを話しました。

「私は先生に弟子入りして、先生のもとで一生懸命学問をつづけてまいりましたが、実は

先日、母が亡くなったとの便りがありました。悲しんでおりましたところ、また便りが来ました。こんどは母の後を追うように、父が亡くなったという知らせです。もうこれで私は先生のもとで学問をつづける意味がなくなりました」

当時は親に孝、国に忠を尽くすこと、そしてなぜ親孝行をしなければならないのか、なぜ国に忠義でなければならないのか、を学ぶのが学問だったのです。孔魚は泣いて泣いて泣きつづけ、ついに枯れ枝が折れるように死んでしまいました。

孔子はその後、弟子たちにいいました。

「親孝行というものは、学問を完成させてからおこなおうと思っても遅い場合がある。親がこの世にいるあいだに孝養を尽くして尽くして尽くしきって、そのあとで、ゆっくり親孝行とは何だったんだということを学問しても、決して遅くはない」

すると、弟子たちの大半が師である孔子に長のいとまをもらって、それぞれ郷里へ帰っていったということです。

親に対する孝養は条件ではないのです。

一人前になったら、とか、ボーナスをもらったらとか、給料が上がったらとか、条件をつける人が多いのです。彼女に何か買ってとおねだりされれば、ローンを組んででも買って歓心《かんしん》を買おうとするのに、親のこととなると実にいい加減です。

中江藤樹先生の母

この孔子の言葉を何回も何回もくり返し学び、ついに脱藩までして親孝行をおこなったのが、学者で日本の陽明学の祖である中江藤樹《なかえとうじゅ》先生です。また一般社会のなかから聖人とあおがれたのは、後にも先にも中江藤樹先生のみです。

中江先生は近江《おうみ》の人で、幼名を藤太郎《とうたろう》といいました。小さいときお父さんを亡くしたのですが、お母さんは女手一つで育てて、「わがままな子にしてはならない」と考え、藤太郎を人に預けて学ばせることにしました。藤太郎七歳のときです。

出立《しゅったつ》のとき、お母さんは藤太郎にいい聞かせました。

「帰りたいなどと考えてはいけないよ。そんな気を起こすくらいなら一生懸命学問して、早く一人前の立派な人になっておくれ」

藤太郎はお母さんの言葉を守って一生懸命学問し、先生にお仕えしました。冬が去り、夏がすぎて、また冬がやってきたころ、藤太郎のお母さんがアカ切れやしもやけで難儀しているということが、風の便りに藤太郎に知らされました。

いままでお母さんのいいつけを守り、一生懸命学問をしていた藤太郎だったのですが、お母さんのことを耳にすると、もう居ても立ってもいられなくなり、アカ切れやしもやけによく効《き》くという薬を買い求めて、雪の中を師匠の家を抜けて帰るのです。

藤太郎がふるさとに着いたころには、あたりはうす暗くなっていました。なつかしい家のそばにくると、表の井戸端に片時も忘れたことのないお母さんの後ろ姿がありました。

藤太郎は思わず「お母さん！」と叫んでしまいました。いま、お母さんが背中に聞いた声は、これまた片時《かたとき》も忘れたことのないわが子藤太郎の声なのです。

「藤太郎かい」といって思わず後ろをふりむきかけたお母さんだったのですが、顔も見たい、胸に抱きしめもしてやりたい、そんな母の気持をグッとこらえて、そのまま家の中に走りこむと障子をしめ雨戸までもしめ、中からしんばり棒をしてしまったのです。

藤太郎がびっくりして「お母さん」といって駆けより、「藤太郎ですよ、藤太郎ですよ」と叫んで雨戸をたたくのですが、何の反応もありません。それでも雨戸をたたき「お母さん、お母さん」と呼んでいると、しばらくして内からお母さんの厳しい声が返ってきました。

「何しに帰ってきた。それを聞くまで、この戸を開けることはできん。それに、先生の許しはもらってきたのかえ」

「いいえ、そうではないのですが、お母さんがアカ切れやしもやけで難儀していると聞きましたので、よい薬が手に入りましたから、それを持って帰ってきたんです」

と藤太郎はいいました。

ふつうのお母さんなら、「そりゃ、よう帰ってきた。私のことを心配して薬を持って、まあ、この子は親孝行な子や、さあさあおあがり」と親の情で家に入れるでしょうが、藤太郎の母は違います。

「そうかえ、それじゃ、その薬はありがたくもらっておきますから、そこに置いて、お前はお帰り」

といって、家の内に入れないで追い帰したのです。

ガックリ肩をおとした藤太郎は、薬を軒下《のきした》に置くと、いま来た道を帰っていきました。

お母さんは耳をすましながら、藤太郎の雪を踏む足音が遠ざかるのに合わせて障子をあけ、雨戸をうごかし、わが子の後ろ姿に「ありがとう」といって手を合わせるのです。

親孝行とは無条件のおこない

藤太郎の母はわが子に厳しいようですが、ほんとうに心からわが子のためを思うならば、その厳しさは慈愛であり、その姿は慈母にほかなりません。

不動明王《ふどうみようおう》といわれる怖い顔をした明王がおられます。不動明王にかぎらず、怖い顔の佛さまたちがおられますが、その怖い顔を憤怒《ふんぬ》の顔といいます。でも、ほんとうはその怖い顔の裏に、苦しみ悩んでいるものは私のところへやってきなさい、必ず救ってやりましょうという慈愛にみちたやさしい姿があるのです。表面の厳しさと奥に秘めたやさしさは、まさしく藤太郎の母の姿だと思います。

このような育てられ方をした藤太郎、のちの藤樹先生は、仕官したのちも悩んで悩んで悩みぬいたすえ、ついに脱藩して郷里に帰り、お母さんにお仕えしているのです。あの時代のことですから、命がけのおこないだったと思います。それをあえてする。親孝行とは、何よりも優先される無条件のおこないなのです。

「親孝行したいときには親はなし、墓にふとんも着せられず」――そんなものなのです。いま、お父さんお母さんのいるあなた、親孝行とは金のかかるものと思っていたら、とんでもない。十円あれば電話もできるし、百円あればゆっくり話せる。葉書も手紙もあります。

自分が親に孝行もせずに、わが子に親孝行を説いても、あきません。

第四章 命

アホになりきる母親が子供を自立させる

　アホウな母親ほど、賢ぶるものです。ブリッ子はいまに始まったことではないし、また若者だけのことでもありません。しかし、若い娘のブリッ子ならまだ可愛げもありますが、たっぷりおばさんになっている人のブリッ子は、見苦しいだけですから、やめたほうがいいと思います。

　ほんとうに立派な母親は、アホウになりきることを知っている人です。賢ぶる母親は、子供の成長の芽が、自分の気にいらないところに出ると、芽を摘んでしまうのです。母親として希望する方向にしか芽を伸ばそうとしないのですから、子供は自分の意志で伸びることができません。

　ところが、アホウになりきった母親のもとでは、左であろうと右であろうと、上であっても斜めであってもおかまいなしにグイグイと伸びていくのです。方向の定まらない伸び方をしているのですが、やがて年ごろになると、何をしようか、何をしたらよいのかと自ら迷いだすのです。迷いだして定まらないときに、そっと手を差しのべると、そのときこそ、子供は素直に意見も聞くし、親の力も借りるものです。アホウになりきった母親になら、子供たちは安心して自分をさらけ出すことができると思うのです。

「太郎ちゃん、宿題はどうしたの」

「まだやってない」

「早く持っていらっしゃい。お母さんが見てあげるから」

たいしてわかりもしないのに、親心のつもりで構うのです。そして、お母さんの指導のもとにできあがった宿題を学校へ持っていったら、みんな間違っていた、なんてことになりかねない。

「お母さん、何やの！　宿題ぜんぶ間違ってたやないの。わからんくせに、偉そうにガミガミいうて。もう、構わんといてほしいわ」

そんなふうに、子供との間に少しずつ溝ができ、やがて渡ろうと思っても渡りきれない大きな溝になってしまったとき、親子の断絶が始まるのです。

ニンジン一杯の愛

私など、母親がアホウになりきってくれたおかげで、勉強、勉強といわれなくて助かりました。

「宿題は終わったか」、「宿題せんと遊びに行ったらあかんよ」とはいわれましたが、勉強そのものについてはいっさい構いませんでした。

わかっていて構わなかったのか、初めからわからないので構わなかったのか、ともかく私の母親はアホウになりきっていました。

どれくらいアホウになりきっていたかといえば、私が二歳のとき、母親が私をおんぶしながら、夕食の仕度をするのに台所でニンジンを切っていたのです。そのニンジンを、私が母の背中から手を伸ばしてつかんで食べたのだそうです。

そこで母は、この子はニンジンが好きな子やと決め込んでいるのです。子供も二歳ぐらいになると、母のふところから離れて何でも食べるようになるものです。口に持っていくものが何もないときは、自分の指を口に入れて吸うわけです。たまたまそこにニンジンがあったから取って口に入れただけの、二歳の子供なら誰もがすることをしただけのわが子を、ニンジンが好きだと思い込んで、今でもたまに郷里に帰ると、大きな鉢にニンジンをドンといっぱい煮てくれるのです。それほどアホウになりきっているのです。

健在でいてくれる母親への感謝も、五十を越えてようやく深みを増してきたように思います。振り返れば子供のころに、勉強に関して構われなかったおかげで、勉強は人に頼るものではない、できてもできなくても、自分でしなければならないものと受け止めることができました。

「お母さん、この問題どないするの」と子に聞かれても、

「そんな難しい問題、お母さんに聞いてくれてもわからへんがな」

と、アホウになりきることです。「なんやお母さん、こんなこと知らんの」

一時的に子供は母親に失望するかもしれません。しかし、「それじゃ私が」とやる気を起こさせ、それが励みになってこなければいけないし、「それじゃ！」と思う子供は、母親の手伝いもよくするものです。掃除もするし、台所の手伝いもよくする、買い物にも行きます。そして、一つ手伝えば、手伝ったことをほめてあげないといけません。

お母さんの偉さ

「お母さんが掃除するよりきれいになったわ」

と喜べば、子供はまた手伝おうという気になる。

「あんたが掃除してくれても、お母さんがまたやり直さなならんから、二度手間やわ」

などとは、口が裂けてもいってはいけないことです。

手伝って、ほめられて、また手伝って、それを繰り返しているうちに、やがて子供は気がつきます。一所懸命手伝ってお母さんもほめてくれるのに、味噌汁を作っても掃除をしても、お母さんほどうまくできない。買い物に行っても、お母さんほど手際よく買いそろえられない。何をしてもお母さんはうまいんだな、と。

そのとき初めて、お母さんの偉さを知って尊敬するのです。

「尊敬することもなく、恭敬するものもない生き方は苦しい」

と、お釈迦さまも申しておられますように、尊敬することを知り、そして尊敬できる相手がいることは、実に大切な、ありがたいことです。小さなときから尊敬することを知るのに、その相手がいちばん身近な父であり母であるなら、父母にとっても、こんな素晴らしいことはありますまい。

なりきることは、難しいことです。なりきることに、なりきれたなら、これはもう立派な悟りです。

アホウに徹する――素晴らしいことではありませんか。

心と身体を子供の高さに

大人には大人だけの世界があるように、子供にも子供だけの世界があるのです。

大人の世界に子供が入ってくると、子供のくせにとか、若いからまだ早いとかいって、子供を大人の世界から遠ざけようとしがちです。それなのに、大人は子供の世界に何のあいさつも作法もなく、平気で土足で入りこんだりするのです。

子供は子供ごころのままに、大人になる準備を整えていくのです。協調、創造、工夫など、新しい世界を切りひらいて成長していく、その手本となるのが父母であり、大人たちなのです。その大人が「子供のくせに」といえば、子供らは「大人のくせに」と必ず思うものです。

子供が大人になったとみるのは年齢的に判断するものです。子供や、子供やと思っていたら、あっというまに成人を迎え、この子も大人の仲間入りしたんやなあと思っているまに、もう嫁をもらう年になったのか、人形抱いて喜んでたあの子がもう嫁に行くのかと、時の流れの早さに驚くものです。善かれ悪しかれ時がたち、月日が重なれば必ず子供は大人になります。

一方、大人はいくら子供に戻りたくても、戻れるわけはありません。では、大人が子供の世界へ入るためには、どのようにすればいいのでしょう。

私は、大人が子供の年齢にはなれないが、子供の気持になることはできると思うのです。子供の世界へ入って子供と接触する条件は、まず自分の心と身体を子供と同じ高さにもっていくことです。

また、精神的なものも、ドーンと下げて子供に合わせてやることが、子供の世界へ入る姿勢ではないかなと思うのです。そういう姿勢で子供に対すると、今まで開かなかった心の扉を、思いがけないところでパッと開いて、うちとけて何でも話してくれたりするものです。

私は二十五年前から毎年、サイパン島へ子供たちを派遣しているのですが、その子供たちは、全員がサイパンの小学校の教室で、コンクリートの床にビニールのマットを敷いて、その上で寝るのです。引率者ももちろん子供と同じように、マットの上で寝るのです。なかには夫婦そろってボランティアとして参加し、子供たちのお世話をしてくれる方たちも毎年おられます。この方たちはホテルへ泊まっているのですが、子供のことを思って一所懸命お世話をしてくださるのに、子供はなかなか心を開きません。

寝ている高さの違い

何が原因か、われわれにはよくわかるのです。それは、寝ている高さが違うのです。コンクリートにマットを敷いて寝ている子供の高さと、ホテルでベッドに寝ている高さが、明らかに違うのです。子供はそういうことに敏感なのです。ベッドで寝ている人たちが、子供がいうことを聞かないからと、大声で叱っても、子供は慣れたものでその場はうまく繕《つくろ》うが、ちょっと後にはケロリとしています。この人は仲間だ、という意識が子供の心にないのです。

子供たちとの連帯感をつくり、仲間であるという意識を与えないと、こちらの言葉に心を向けてくれません。仲間意識を持つことは、うちとけた関係をつくる上で大切なことなのです。よく外で、泣きじゃくる子供に、お母さんが、おっちん座りをして子供の顔の前に自分の顔を持っていき、子供の顔に触れるほど近づいて話している姿を見かけます。これが子供の世界の目線なのです。ところが、常に高所から子供に話しかけることは、仲間としての姿勢をとっていないということです。もちろん親として、大人として、高所の立場から物をいわなければならないこともありますが、常では具合が悪いのです。

大人が仲間意識をつくらずに、大人の立場のままで、「お前はここが悪い」と決めつけてしまう。それが大人の世界と子供の世界の断絶になっていくのです。大人からもっと子供に近づいてやってもいいと思うのですが、どうでしょうか？

「おはよう」「こんにちは」「元気かい」「行っといで」「お帰り」――何でもない一言です。子供の口から「おはよう」をむりやり引っぱり出すより、大人から先に、「おはよう」と声をかけてあげてもいいではないですか。

自分たちも育ってきた道

「今日日《きょうび》の子供は躾《しつけ》がなってない。挨拶《あいさつ》一つまともにできん」

と嘆く大人も無責任です。「オギャー」と生まれた赤ちゃんが、「おはよう」や「こんにちは」を知ってますか？「ありがとうございます」「すみません」が喋《しゃべ》れますか？

自分たち親が正しい挨拶のしかたも教えないで、「今日日の子供は」などとよういえたもんです。

生まれたての赤ちゃんには、何の知恵も、知識も開発されていないことは、人の親ならよくわかっているはずです。ましてや自分たちも育ってきた道なんですから、子供が挨拶できないと躾の悪さを嘆くのなら、自らの子育ての拙《まず》さを反省してほしいものです。

大人から子供に近づいて、子供の世界へ入った上で、「お前が悪いように思う」と諭したとき、初めて子供は素直に耳を傾け、反省するのです。大人ですら高飛車に決めつけられると反発したくなるものです。子供ならなおさらのこと、強い姿勢で反発します。

子供の世界をよく観《み》もしないで、大人の立場から、上面《うわっつら》だけで、この子はいい子、あの子は悪い子と決めつけることは、たとえ親であろうと許されることではありません。

私どもの祖先が築いたこの国を、われわれが受け継ぎ、立派に次の世代に引き継いでもらうため、これくらい気を遣って育ててもいいのではないでしょうか。

芽をつむとこぢんまりした人間に

「お母さん、お母さん、きょう習字の時間に、先生がよう書けたいうてほめてくれたんや。そして教室の前に張り出してくれたよ」

喜び勇んで学校から帰るなり、子供が母親に告げます。そのお母さんが、

「何やの、あんた、なんぼ字が上手で前に張り出してもらっても、いい学校へは入れへんね。あんたは数学も英語もできへんのやから」

と、子供の成長の芽をつむようなことを平気でいってしまうお母さんがいます。英語ができたら立派であるとか、数学がよくできるので賢い人だとか、決めつけてしまう母親が少なくないのです。

英語も数学も無視はできませんし、できないよりできたほうがいいけれども、英語や数学ができるからその子が賢いと思いこむのは間違いです。

英語がしゃべれたら、社会では国際人のように見られているけれども、本当の国際人と

いうのは英語がしゃべれる人ではなくて、自分が住んでいる自分の国のことを歴史的にも文化的にもよく理解して、それを他の国の人に的確に知らせることのできる人が、国際人なのです。通訳を入れたっていいのです。英語をしゃべれなくても、立派な国際人はいっぱいいるし、英語がしゃべれたって、国際人でない人もいます。

わが子が学校から帰ってきたら塾に追いやって、塾から帰ってきたら夜食までつくって「勉強しなさい」と強いる。そして夜食までつくって勉強させることが、子供に対する愛情だと、間違った考え方をしているお母さん。何かにつけ「あんたのことを思っているのよ」とか「あなたのためを思ってやってあげているのよ」というお母さん。

子供のほうは内心、「頼んでもいないのに、なぜ『やってあげる』なんていわれなければならないの」と思っています。ですから、「やってあげる」などという言い方はしないほうがいいのです。

また、よくない成績をもらってきた子供に、頭のてっぺんから金切り声を上げて、こんなことをいうお母さん――

「何やの、これ。こんな成績で、いい学校へ行けると思っているの。高い月謝払うために、家計きりつめて内職までして塾にやっているのに。いい学校に行けないと、いいとこへ就職できないのよ。いいとこへ就職できないと、お父さんみたいになってしまうのよ」

子供の前で自分の夫、子供の父親を軽んじてしまうのです。子供も小・中学生くらいまでならいいけれど、高校生や大学生になると、だんだんお母さんのいうことを聞かなくなります。

日常生活の積み重ね

お母さんのいうことを聞かなくなると、お母さんは、

「あんたが甘いから、こんな子になったのよ」

と、お父さんにその責任をかぶせていく。そこでお父さんも子供に、

「お前なあ、そんなことではいかん」

などと、説教をはじめる。すると子供は、

「何やお父さん、黙ってんか」

と、お父さんを軽んじる。

なぜ軽んじるかというと、お母さんがふだん子供の前で平気でお父さんを軽んじてきたから、子供の心にもいつか「お父さんなんて……」という意識が根づいてしまったわけです。いまさらお父さんがものをいっても、聞きはしません。

そういうことを日常生活の中で積み重ねてきておいて、いざ子供が成長してお母さんのいうことを聞かないからといって、その責任をお父さんにかぶせるというのは、一体どうしたものでしょうか。

同じように、子供が行儀の悪いことをすると、

「まあ、この子は行儀が悪い。学校はどんなしつけをしているんかしら」

などという。しつけの悪さを学校のせいにして、成績の悪さは塾の先生のせいにする。そんなお母さんが、残念ながら少なくないようです。

お母さんは、子供が成績表をもらってきたら、その子の得意な分野、不得意な分野をよく理解した上で、どの方向に伸びうるか、あるいは伸びないかを判断すべきでしょう。無理じいしても駄目な分野はあるものです。

自分の過去の成績なり、やってきたことを考え合わせれば納得できるはずです。自分のことを棚に上げて、「勉強しなさい、勉強しなさい」と押しつけられては、子供はたまったものではありません。

一つの物差しで人間を測る

冒頭の話に戻りますが、どうも最近は英語と数学だけで子供の能力をうんぬんする傾向があるように思います。

英語と数学は、明治維新の際に西洋の科学技術文明が導入されると同時に入ってきたものです。本来英語と数学は、この科学技術文明をいちはやく会得するための手段としてもってきたもの、つまり道具なのです。科学技術文明を理解する道具である英語と数学で、一人の人間を測るというのは、これは一つの物差しで一人の人間を測っているのと同じことなのです。それははっきりいって間違っていると私は思います。

技術・技能的に英語や数学の能力がすぐれていることを認めるのも大事なことですが、その人の根幹にかかわる人間性までも、英語と数学で決めつけてしまっているような懸念《けねん》があります。

お母さんが特にそういうことを子供に押しつけてしまっているのは、お母さんだけの責任ではなく、社会全体、特に教育制度の歪《ゆが》みが根底にあると思うのです。

たとえば歌がうまいから音楽大学へ行かせて歌を専門的に習わせてみたいとか、この子はほかに何もできないけれども絵をかかせたら抜群なので美術大学に入って専門的に絵を習ってみたらいいのにと思っても、音大も美大も英語や数学ができなければ入れないという不文律《ふぶんりつ》が、いまの日本の教育制度にはあるのです。歌を習うのにどうして数学ができなければ習えないのか、絵を習うのにどうして英語ができなければいけないのか——

　そのような不思議さを不思議に思ってお母さん方が立ちあがらなければいけないのに、ただ社会の通念をストレートに子供に押しつけているのは、親として子供への義務を怠っている気がします。

　いまの社会は、学閥によってものごとが成り立っているところがあります。そして学歴社会といわれていますから、大学を出た人間が社会のなかで主流をなしているのも事実です。芸術の世界でも○○大学の教授に師事したという人が、その分野の中心になっていることが多いのです。

　しかし、埋もれた芸術家が日本にはたくさんいると思うのです。英語ができなかったために埋もれてしまった、数学ができなかったために自分の才能をみがけなかったという人がいっぱいいるのではないでしょうか。そのへんに目を据えて教育制度の改革をおこなう努力をしなくてはなりません。

　かつての日本というのは、英語、数学ができなくても専門的な分野で実力のある人が、ちゃんと世に出てきたのです。そういう社会をもう一度築きあげることが、私は絶対に大事だと思います。

子供の成長の芽を英語と数学だけに求めて、そこにめばえてきたものだけを育てていこうとすると、非常に無理が生ずるのです。

私の寺の庭に四百年からの松の木があります。背丈は二メートルしかない。四百年間、毎年芽をつんで育ててきた結果なのです。節々もふくれてしまっている。

ところがお寺の前の参道の松の木は、多少曲がっていても太陽に向かってスクスクと伸びています。芽を一回もつんだことがないからです。

人間もこれと同じです。親の思ったように育てようと芽をつみすぎると、庭の松のように、見様によっては姿はいいが、こぢんまりとした人間しかできません。

やはり松も人間もノビノビと育てたいものです。

自然の恵みを生かし、自然によって生かされる

　朝起きると、お天とうさんに手を合わせて一日の無事を祈り、夕べにはお月さんに一日の無事を感謝して合掌する――これが古くからあった日本人のすなおな姿と、心です。自然の中にわれら人間も生かされているという感謝の念が、太陽や、月に向かって手を合わさせるのです。

　およそ三十五億年前、月はそこに生命を誕生させることなく、十億年余の生命を終えて死滅していきました。

　しかし私たちの母なる地球は、四十六億年にわたって力強い鼓動を打ちつづけています。四十六億年という長い歴史のあいだには、いろいろな生命がこの地球上に誕生しましたが、その時代、その時代の地球の変化に対応できない生命、また地球の自然環境に合わない生命は、みな滅びていきました。

　人類がこの地球上に出現してから二百万年から三百万年前といわれますが、地球の四十

六億年の生命に比べれば、ほんの短い歴史でしかないわけです。
まして人間が文明らしい文明を持って、たったの二万年弱。科学文明の時代といわれて四世紀ほどしか経っていません。そんな人間が、かつては自然に同調して生きてきたにもかかわらず、今日では微々たる科学文明の力を過信して、自然に立ち向かっているのです。

冬にトマトを作ることもその一つです。いまの子供は、冬にトマトがあることを何の不思議にも思わないのです。そもそもトマトという野菜は、カッと照りつける真夏の太陽のオーラを実いっぱいに受けて、いまにもパチンと弾《はじ》けんばかりに熟れたところを、もぎとって食べる。それも、冷蔵庫で歯が浮いて味がわからないほど冷たくするのでなく、井戸水などで歯茎にここちよい冷たさを感じるくらいに冷やしたところで、丸ごとガブリとかぶりつくのがいちばん旨《うま》い食べ方です。

ホテルなどで食事をすると、冬であろうと、料理にトマトが付いていますが、味わうためのトマトではなく、たんなる彩りでしかないのでしょう。自然の呼吸を全身にうけて育ったトマトのあの甘酸っぱい味覚はどこにもなく、ただ水っぽいだけのトマトです。

季節外れの冬に、水っぽいトマトやキュウリ、ナスなどを、大切な石油で温室を暖めてまで作る価値があるのでしょうか。

自然に添った食生活の大切さ

われわれ日本人はもともと、穀物を主食としてきましたから、四季に応じて自然が与えてくれる恵みを食することが、健康で長生きできる素《もと》なのです。

だいたい肉を食べると身体がカーッとして短気になります。肉食動物のライオンやトラを見ても短気ですし、そのうえ持続力がありません。獲物を追いかけてもしばらく走って捕まえることができないと、早々と諦《あきら》めて、息をぜいぜいさせながら舌を出して歩いてしまいます。

最近の子供が根気がなく、短気ですぐつかみ合いの喧嘩《けんか》をしたりするのも、肉を多く食べるせいかとさえ思われます。忙しいからといって、インスタント食品で子供の腹を満たしておこうとする親も少なくないようですが、食生活は人間の生きる上でもっとも重要なことです。

牛や馬などは、一日中力仕事をしていますし、一日中人を乗せていることもできます。象などは大移動するとき、何日も物を食べないで歩きつづけます。そのうえ肉食動物より、はるかに身体が大きいのです。キリンもカバもそうです。そんなエネルギーはどこにあるのかと思いますが、等しく食物は草なのです。草やワラを食べて、あれだけのエネルギーがあるのですから、いかに自然のもたらす力が偉大であるかよくわかります。

自然が生み出す恵みは、私たちの心を豊かにしてくれますし、身体に自然のエネルギーを与えてくれます。

長い冬の眠りからさめた草や木が、若々しい芽を出し息吹きを始める春に、解け出した雪のあいだから恥ずかしそうにフキノトウが顔を出し、田んぼの畦《あぜ》には、暖かな日差しを受け、ツクシが背伸びをしている。そんな自然との触れ合いを求めて、春こそは野山を歩き山菜や野草をつみ、自然のもたらす季節の味を楽しみたいと思うのです。

長いあいだ春を待ちわび、やっとの思いで顔を出したフキノトウを採るのは悪い気もしますが、フキノトウの苦味ばしった味は山菜のなかでもまた格別です。採ってきたフキノトウをサッと水で洗い、天ぷらにします。天つゆなどの贅沢《ぜいたく》なものを作らず、醤油で味わうのが一番です。生のまま味噌汁の具にすると、これがまた格別の香り、焼いて味噌をつけて食べても、なかなか旨いものです。

おいしいワラビご飯やツクシご飯

私の育った田舎では、ほとんどの家がニワトリを飼っていましたが、そのニワトリに餌《えさ》を与えるのが子供に課せられた仕事の一つでした。タニシを取ってきて殻ごとつぶして、またタニシのいないころには、一年中いつでもどこにでもあるハコベに米ぬかをまぶして与えていました。だからハコベはニワトリの餌と思いこんでいたのですが、近年になって初夏に出るハコベの新芽を採ってかき揚げにして食べてみると、癖がなくてやわらかく、おいしいものだと知りました。

初夏の山菜や野草は、すべて天ぷらにして醬油で食べます。レンゲ草もバター炒めにして塩と胡椒《こしょう》で味つけすると、おいしく食べられます。花の美しさをそのまま楽しむため、プリンに入れてもいいし、ミルクに花と砂糖を少し入れてジューサーにかけると美しいピンクの飲みものができます。

子供のころ、母が作ってくれたワラビご飯やツクシご飯もおいしかったし、筍《たけのこ》ご飯となると大好物です。また、母はよくヨモギの芽をつんできて、ヨモギのベタ焼きを作ってくれました。「ユリ粉《ご》」（籾《もみ》を脱穀して網の上を通したとき、網の目から落ちて溜《た》まる半端な米）に、餅米を少し加え、さらに石臼《いしうす》で細かくすり下ろして、それにヨモギを入れ、水で練って、十五センチくらいの円形で、一センチくらいの厚さに焼きます。両面がこんがり焼けたところへ、ふかしたサツマイモとサッカリンで作った餡《あん》を入れ、半分に折って食べるのです。ほんとうにおいしかったものです。

母がわが子のためにと一生懸命、心をこめて作ってくれた姿を私はいくつになっても忘れられません。

自然の恵みを生かし、旬の味を楽しむことが、私たちの心をどんなに豊かにしてくれるかわかりません。それはまた、自然によって生かされていることの証でもあるでしょう。

奥床しさを育てる

私の生まれた村に、製材所を営んでいた広瀬芳蔵さんという人がいました。何年も前、まだ健在だったころに聞いた話ですが、製材所で儲《もう》けたお金で初めて自分の田んぼを買ったそうで、面積が一反、つまり三百坪の広さです。いまから四十五、六年前のことですが、初めて自分の力で持った田んぼですから、それは嬉しかったにちがいありません。

広瀬さんはせっせと耕して肥料をまき、田植えをして草取りをして、また肥料をまきました。当時は何でも硫安をまけばよく効くというので、どこの農家でも硫安が重宝がられていました。もちろん牛の糞《ふん》とか、ニワトリの糞だとかも田んぼに入れて、土に栄養をつけたのですが、とにかくにも化学肥料というと硫安ときまっていたようです。

広瀬さんも然りです。楽しいものだから毎日のように田んぼへ行き、行けば草を取り、また硫安をまく、といった具合でした。硫安をまけばまくほど栄養がいき届いて、稲はどんどん生長してくるわけです。

どこの村にも一人くらい物知り博士というか、文化人というかそういう人がいるもので、そのころ村にも富田繁治郎さんという人がいたのです。私は見かけたこともないのですが、いつも着物を着て三尺帯をしめ、下駄を履いてステッキをつき、帽子をかぶって田んぼの畦道《あぜみち》を散歩するのだそうです。

広瀬さんが硫安をまいていると、その繁治郎さんがよく田んぼの横を通りかかって、声をかけます。

「よう精が出るな」

あるとき、広瀬さんが硫安をまいていると、また繁治郎さんが通りかかって、

「芳蔵、百姓はな、米を穫《と》るのが難しいんや」

といったそうです。

それを聞いて、広瀬さんは思いました。

「百姓が米を穫るのが難しいのは当たりまえや。みんなよい米を、少しでも多く穫るためにこうして草取りしては硫安まいとるのに。何を言うとるか年寄りが。見てみい、栄養がいきとどいて葉っぱも青々しとるし、稲もどんどん生長してきとるがな。これはきっといい米が穫れるぜ」

夏がすぎ、やがて収穫の季節を迎えました。広瀬さんの田んぼの稲は実りませんでした。

稲葉は確かに立派に生長しましたが、肝心のもみの中に実が入らず、いつまでたってもスカスカのままだったのです。その年はついに、まともな米は一粒も収穫できずに、立派なわらが収穫できたというのです。

広瀬さんはそのとき初めて繁治郎さんの言葉の意味に思い当たりました。

（そうか。硫安ばかりまいていると、栄養がいきすぎて、いもち病になって米がとれないんだ……）

「それにしても」と広瀬さんは私にいいました。

「だったらあのとき、『百姓は米を穫るのが難しいんや』などとナゾ解きのようなことわんと、『芳蔵、硫安ばっかりまいていたら栄養過剰で、いもち病になるぞ』というてくれたらええもんを」

言いたいことを言わない

私はそれを聞いて、「そりゃ、おじさんがおかしいで」といったのです。

人生を多く、また深く歩んでこられた人は、なかなか単刀直入に物をいわないことが多いのです。詩心《うた》というか、何というか文化的な意識が高いのだと思います。だから広瀬さんとしては、繁治郎さんが「百姓は米を稷るのが難しい」といったとき、「あんな当たりまえのことを、何でいうたんやろうか」と考えるべきだったのです。

現代ではとかく、単刀直入に物をいえとか、奥歯にもののはさまったようないいかたするな、とかいったりします。また、自分の気持を抑えたりせず、他人のことも平気でずけずけいうことが、今日の社会では当たりまえになっているようです。他人のことでも、あるていど論理的にあげつらうと、それが評論としてまかり通ったりするもので、一部の人たちがただ相手を攻撃するだけで評論家として生計が成り立ったりしています。

しかし、いいたいことをいわない、したいことをしないということは、人間に与えられた実に素晴らしい権利だと思います。いわないで我慢するということ、したいことをしないで我慢するということが、人間にとっていかに大事であるかということなのです。

犬や猫ですと、腹が減れば走り回ってエサを求めようとするし、また、人が犬に近づけば、それが知らない人で怖ければ吠《ほ》えるし、飼い主なら尻尾《しっぽ》を振ってくるし、その場その場にはたらく本能に従って生きているのです。

人間がしたいことをし、いいたいことをいって生きるということが、何かのびのびと生きているように思われがちですが、それだと犬や猫とほとんど変わらず、ただ本能的に気のおもむくままに生きているだけです。人間は他の動物とは違うのだということを意識しなければいけないと思うのです。

「あの人は口ではきついことをいっても、いった後は何にも腹に残らず、カラッとしている。ほんとうにいい人だ」

という人がいたり、また自分から、

「わしは口は悪くてガンガンいうが、いうた後は何にもないんや」

と自慢したりする人がいます。しかし、これはとんでもないことで、腹にあるからいうのです。いえば必ず、いったことは残ります。いった本人はいってしまったことでスーッとしたかもしれませんが、いわれたほうはたまったもんじゃありません、その言葉がそのまま傷として残るのです。ですから、軽々しくものをいったり、したりすることはやはり、慎まなければいけないのです。

他人を思いやる心

自らのことを何でもいうことと、人のことを何でもいうこととは、基本的に意味の違うことなのです。日本人には、己を虚《むな》しゅうしてでも嘘をついて人をかばったり、人のことを一切いわないという場合があります。嘘をつくといっても、この場合の嘘はただ単に嘘をつくのではなく、自らが責任を取るということなのです。

いまの子供たちは特に、自分を主張することが当たりまえになっているようですが、自分の気持をさらけ出すまえに、他人のことを思いやることのできる心が大切なのです。伝教大師最澄上人も「己ヲ忘テ他ヲ利スル」と申しておられます。その心が相手の気持を測って単刀直入に物を言ったり、おこなったりしない、本当の奥床しさにつながるのです。どうか、そんな子供をお育てください。

第五章

心

道心の中に衣食あり、衣食の中に道心なし

人間にはそれぞれ、自分に与えられた業《わざ》の持ち分というものがあるように思います。それに気づかず、この仕事はいやだ、あの仕事も気にいらない、と職業のえり好みをして転々と職を変わり、人生の大切なときを無駄遣いしてしまっている人が少なくありません。

私どもの祖師、伝教大師最澄上人の在世当時、一人前のお坊さんとして国に認めてもらうためには、奈良へ行って試験と戒律を受けなければなりませんでした。

それを奈良まで行かずとも、比叡山は比叡山独自の教理を以って、一人前の坊さんを育てたいので、そのご許可をいただきたいという、お大師様のお願い文があります。天皇に上奏された『学生式《がくしょうしき》』、正式には『天台法華宗年分学生式一首』と申します。

ここには、お大師様が比叡山でこのような人材を作り育てたいという希望が書かれているのですが、その中に次のような一節があります。

国宝とは何物ぞ。

宝とは道心なり。

道心あるの人を名づけて国宝と為す。

故に古人言《いわ》く、

『径寸十枚、是れ国宝に非ず。

一隅を照らす、此れ則ち国宝なり』と。


このお言葉の元になった中国の故事があります。

昔、魏《ぎ》という国の国王が、隣国の斉《せい》の国を訪ねて、斉の国王にいいました。

「私の国には、闇夜の晩でも、十台の車の前を明々と照らし出すことができる直径一寸の宝珠が十個もあるが、あなたの国には、どんな宝がありますか」

斉の国王は答えました。

「私の国は小さくて貧乏なので、そのような立派な宝はありません。そのかわり、私の国の家臣たちは、与えられた一隅を敵に破られることなく、必ず守ってくれます。そういう人材が私の国にはたくさんいますので、私はいつでも安心して、城の奥で枕を高くして休むことができます」

斉は小さな国だから、うまくいけば乗っとれるかもしれん、と思っていた魏の国王は、話を聞いて恐ろしくなり、また宝珠を自慢したことを深く恥じて、早々に帰っていったというお話です。

一隅を照らす

金銀財宝があまたあっても、それは真の国宝とはいえません。国の宝とは一隅を照らすことのできる人材をさすのです。いま与えられている業に全力を尽くすことが、一隅を照らすことになるのです。

お父さんは仕事に、お母さんは子育てに、子供たちは勉強に遊びに、一生懸命になりなさいということです。どんな仕事でも、力いっぱい尽くすことなのです。

たとえばテレビにしても、画面に出てくる人たちだけでテレビ番組はできません。私たちの目に見えないところで、その場その場をしっかり守ってくれているたくさんの裏方さんたちのおかげで、私たちは茶の間でテレビを楽しむことができるのです。映画でもそうです。

ある日のことです。京大や、立命館、同志社の学生たちでつくっている関西学生クリエートという社会奉仕を通して社会勉強をしようとするグループがあって、私の師匠の周辺に集まって指導を受けておりますが、そのグループが、あるイベントをおこなったのですが、そのときどうしてもいろいろな舞台道具が必要になりました。

私に東映の知人がたくさんいることを知って、学生たちは道具を東映で借りてほしいといってきました。それで、学生の一人を連れて東映へ出かけました。

前もって連絡しておいたので、大道具さん、小道具さん、衣装さんの裏方さんたちが待っていてくれて、こちらでお願いする物を手分けして集めてくれたので、学生も感激していました。私に東映の知人が何人いても、スターや、お偉い人たちだけのお付き合いなら、こうもスムーズに貸してもらえないはずです。

それがふだんから、表面に出ない人たちと仲よくしてもらっているおかげで、こんな無理も聞いてもらえたわけです。いうなればこのような人間関係が、私の大事な財産なのです。

そのような人間関係を作るため、また継続させるためには、職業や地位や立場によって相手を区別したりしないことです。

職業に貴賤《きせん》はありません。祖先が築いた家業が私の天職、親の後を受け継ぐのも天職、と受け継ぐ人の気持が大切なのです。ですから、気のない人に、学者の子供だからといって必ず学者にならなければいけないということはないし、政治家の子供だから政治家にならなければいけないということもありません。

与えられた仕事を天職として、一生懸命働いている人が立派な人なのです。そのような人を、まさしく「道心あるの人」というのです。

人生を成しえた人

また、お大師様は「道心の中に衣食あり、衣食の中に道心なし」とも申しておられます。道心とは、道を求める心で、道とは、自分の業、仕事です。自分の業に努力する人が、一隅を照らす人ですから、道心ある人が一隅を照らしている人なのです。

私の知り合いにケーキ屋さんがいます。私と出会ったのは今から二十年ほど前に店を開かれたころでした。まだ小さな店でした。

お祝いごとがあって、ケーキを注文したのですが、当時五千円ほどのケーキですから、かなり大きなケーキでした。「初めての大きなケーキの注文です」、といって丁寧に作ってくれたのです。私は待っている間に、ショートケーキをご馳走になりました。食べてみると、びっくりするほどおいしかったので、

「これはうまい。みんながこの味を知ったら、繁盛しまっせ」

といったものです。それから前を通ると、ちょいちょい寄ってケーキを買っていたのですが、一年もすると売り切れる日がよくあるようになりました。聞いてみると、少しでもおいしいものをお客さんに食べてもらうために、本場の味を勉強しようと何度もスイスへ足を運び、一生懸命努力していたのです。今では、大きな店を三店も持って、たいへん繁盛しています。

おいしいものを作ろう、いいものを作ろうと努力する、それが道心なんです。人に喜んでもらおうと努力する人には、必ず衣食は後からついてくるのです。今日米を買うお金がない、仕方がないから仕事する。そんな気持ではろくな仕事はできませんから、結局実入りも少なく衣食も不安定ということになってしまいます。衣食を求める心の中に、いい仕事はできないのです。

わが子に、親の仕事を照らし合わさず、その仕事で社会の一隅を照らすことのできる天職を見つけさせたいものです。そういう子供を育てた親は、莫大《ばくだい》な財産を残した親より、もっと立派な仕事を、人生を、成しえた人だと思います。

だれにでもできる〝無財の七施〟

この世に、なくてはならない人が二人います。まず人に施《ほどこ》しのできる人、次に受けた施しに感謝できる人です。

施しを忘れて、受けるだけで生活している人もいますが、気の毒な人です。

「施したいのですが、生活に余裕がなくて、人さまに施すようなものは何もないんです」

そんなことをいう人がたくさんいますが、施すものは物だけではないのです。お釈迦さまは、インドの迦毘羅《かびら》国の国王を継承する王子の身分にお生まれになったのに、王子の身分を捨てて出家します。将来国王になることを捨てるということは、一国の財産を捨てるという、たいへんなことです。

奥さんがいましたが、その最愛なる奥さんも捨て、血肉を分けたわが子の羅睺羅《らごら》も捨ててしまうんです。王子が佛になられた後、父である国王も、奥さんも、わが子の羅睺羅も、子であり、夫であり、父である釈迦に深く帰依《きえ》し、お釈迦さまは真の愛を与えられるのですが、いったんは絶ちがたい縁を絶ち切って、人間の真理を求め、身を乞食《こつじき》に甘んじ「三衣一鉢」の無財産の出家者になられたのです。無一文になり、地位もなくなった王子、シッダルタが、やがて悟りを開き、無数の人びとに真理の施しをされた――この世で一番の施主です。

われわれだって財産がなくなっても施すことは十分できます。「無財の七施」といって、無一物の人でも七つは布施行ができるのです。

その第一が「眼施《げんせ》」。「目は心の窓」といいますが、その人の目つきを見ると性格がわかります。観音さまや佛さまは慈愛に満ちた眼《まなこ》で、われわれを見ておられます。

たとえ怖そうな犬でも、こちらが眼に親しみをこめて下のほうから手をさしのべていけば、警戒心をといて尻尾を振ったりするものです。反対に、目玉をひんむいて手を突き出したりしたら、一発で「ガブリ」とやられるに決まっています。いかに目の表情が大事であるかということです。

いつもニコニコして顔色もよい、それを「和顔悦色施《わがんえつしきせ》」と申します。ふだん、あの人は怖い人だと思いこんで付き合わなかった人が、どこかでバッタリ出会ったとき、向こうから笑みを浮かべ「やあ」といって近づいてくるので、話してみると、やさしい人だったというようなことがあります。

また、美人でお高くとまっていると思っていた女性が、こちらを向いてニコッと笑ってくれたりすれば、やはり嬉しいものです。

人と人との間に潤滑剤を

「言辞施《ごんじせ》」といって言葉の布施ももちろんあります。間違い電話を掛けてきておいて、こちらが「違いますよ」といったとたん、何もいわず「ガチャン」と切る、困ったものです。やはり「間違えました。すみません」と一言詫《わ》びるべきです。私もたまたま間違い電話をすることがありますが、必ず一言あやまります。

あるとき、東京の友人に電話しましたら、間違ってよそに掛かってしまいました。

「間違えました。すみません」

といって切ろうとすると、先方の男性の方が、

「あなたはどちらの方ですか」

と問うのです。詫びたのにまだ不服かな、と思いながら、

「滋賀県の大津からかけています」

と答えると、先方は、

「そうですか、最近は間違い電話で、お詫びをいわれたことがないので」

といっておられました。

いかに間違いであっても、言葉一つで、相手の心はやさしくなるものです。「ありがとう」「すみません」「たすかります」「お願いします」——短い言葉が、人と人との間に潤滑剤のようにはたらいて、平和な毎日につながることもあるはずです。

次に「心施《しんせ》」があります。やさしい心です。やさしい心を常に持っていないと、慈愛に満ちた目も、柔らいだ顔も、やさしい言葉も出てきません。

その次が「身施《しんせ》」で、身体を布施すること。身体を施すことは身をもっておこなうことです。

まだ三月の寒いころ、琵琶湖から京都へ水を引いている疎水《そすい》で、小学一、二年の子供が数人で魚つりをしていたのですが、中の一人があやまって水に落ちてしまいました。たまたま通りかかった三十七、八歳の男性が飛び込んで、子供を救い上げ一命をとりとめました。

大人でも溺《おぼ》れて死ぬ人がいるほど危険なところに、他人のために身を挺して飛び込むことは、なかなかできることではありませんが、せめてお年寄りが持っておられる重い荷物を、持ってあげるくらいのことはしたいものです。

身体の不自由な人がいれば、自分の身体を少しのあいだ相手のために生かし、相手の目に、口に、耳に、手になってあげる。これこそ「身施」です。

人柄を表す出処進退

また、年老いた人や身体の不自由な人に出会ったとき、自分の場所や座席を譲ってあげる「床座施《しょうざせ》」という布施もあります。座席の譲り合いは、電車やバスなど乗物だけではなく、お父さんが息子の成長にともなって自分の立場を譲っていくのもそうです。親子の場合などは案外スムーズに行くのですが、これが、大きな会社の社長の椅子とか、政治家の椅子とか、大学あたりの部長、学長の席ともなると、かたくなに譲らない人がいて、争いが起こるのです。

東洋では「出処進退」が、その人の人柄を表すといわれます。

幕末の頃、長岡藩のある家老が、「進むときは人にまかせ、退くときは自ら決せよ」といったと聞きましたが、まさしく、進むときは人に進めてもらえるほどの人間形成が必要だし、退くときは自ら決する決断力が必要なのです。

退くとき他人に相談すれば、「まだまだ、がんばれますよ」と励まされるに決まっています。だからといってその言葉を真に受けて居坐れば、人は「いつまでも女々《めめ》しい奴」と、陰口をたたくのです。よき後継者を選び、惜しまれるうちに座を譲ってこそ、よき指導者なのです。姑が嫁に台所での位置を譲るのも、同じことですぞ。

人の家ばかり訪問して、自分の家に人を招くことは避ける人がいます。このような人は、「房舎施《ぼうしゃせ》」のまったくない人です。外は暑いから、また寒いからと、家の中へ招き入れ、休んで下さいと房舎の布施をする。お釈迦さまのインドは暑いところですから、特に「房舎施」はありがたかったのでしょう。

以上の七施が常に生活態度に表れてこなければなりません。

母親がわが子を叱るときの厳しい顔は、他人同士がにらみ合うときの厳しさとはまったく違います。いかに厳しい言葉と顔で叱っていても、心の奥深くからあふれ出る慈愛が、目の奥に、口もとに、そして顔や身体全体に表れているものです。まさしく親の七施の表れといえるでしょう。

人は誰でも病み、そして死ぬもの

北という方角が遠い昔から大切な方角とされてきました。

磁石の針がいつも北を指していることを、不思議に思ったことはありませんか。磁石はべつに器に仕掛けがあって、針が北を向くわけではなく、目に見えない磁力が北のほうから出ており、それによって針が引っぱられているわけです。その磁力によって、いろいろなものに影響があるように思われます。

中国・三国時代に、高名な軍師で諸葛孔明《しょかつこうめい》という人がいて、その人が「北を背にして南を指す」といっています。ここから〝指南《しなん》〟という言葉が生まれたわけで、指南とは指南役、それぞれの道において達人になった人のことをいいます。

古来、東西南北それぞれの位置づけをして、そのなかでも北を最も重要な方角としているのです。だから、その北を背にすることのできる人が「人を指南できる人」なのです。

実はお釈迦さまも、この北の重要性や、また東西南北の位置づけをしておられます。お釈迦さまが、まだシッダルタと呼ばれカピラ城にいたころ、「四門出遊《しもんしゅつゆう》」ということをおこなっておられるのです。

まず最初に、カピラ城の東の門から出られました。

そこには多くの病人がいました。「人間は病気をするのだな」とシッダルタは実感しました。何一つ病気をしないで一生を終える人は、まずいない。頭が痛い、腹が痛い、風邪を引いた、熱がある、といった具合に誰一人、何一つ病におかされず一生を送れることはないということに気づきました。

お釈迦さまの求めていたもの

重度心身障害者の施設で記念式典があって出席したとき、「他人《ひと》の痛みを痛みとして、私ども健常者が……」などと来賓の挨拶がありましたが、口先ではいえる言葉ですが、実際、自分がその立場にならないと、本当の痛みはわからないものです。シッダルタは、その多くの病人を見て、人間は病気にかかるのだということを知ったのです。

次に南の門から外の世界へ出てみると、そこに多くの年老いた人びとがいました。

誰でも若いうちは、「自分が年をとったらどうなるか」と真剣に考えることは、ほとんんどありません。二十歳の人が四十路《よそじ》を過ぎ、五十の坂を越えると初めて「ああ、年をとったな」と実感するものです。

人は必ず年をとるんだということを、シッダルタは深く感じたのです。

次に西の門から外へ出たところ、そこには多くの死人が横たわっていました。

「人はみな死ぬのだな」ということを肌で感じたわけです。

人だけではなく生きとし生ける凡《すべ》てのものは、必ずいつか死ぬのです。生きつづけた人は一人もいません。また形ある凡てのものは、必ずいつか壊れ滅びるものなのです。

当時シッダルタは、何事にも気がこもらず何かにとりつかれたように、虚《うつ》ろになっていたのです。

あるとき庭を見ていますと、元気な一匹の虫が這《は》っていました。ところが、そこへ一羽の鳥が飛んできて、その虫をついばんで飛んで行きました。いま、元気に動いていた一匹の虫が「アッ」というまに、鳥のエサになって死んでしまう。

なぜ、人は死ぬのだろう、なぜ生きものは殺しあい死ぬんだろう——そんな悩みが、シッダルタの暗い性格の原因にもなっていました。

そして最後に、シッダルタは北の門から外へ出ました。

そこには病人や年寄り、死人のいる暗い世界からは想像もできない明るい世界があったのです。それがバラモン（僧）の世界、出家の世界だったのです。これまで何かに捉われて暗い性格になっていたシッダルタが、北の門を出ていままでに見たことのない出家の世界を見たとき、自分の求めていたものが、ここにあったのだということを知るのです。

そしてシッダルタは、父である国王に出家の決意を語ります。

当時のインドでは男子は誰でも、出家の経験をもつという習慣があったので、最初は国王も子であるシッダルタのこの言葉を軽い気持で聞いていたのです。

ところがシッダルタの決心は「すべての立場や財産を捨てて、生涯の道を出家に求める」という堅いものでした。

父である国王は、

「なぜ、そんなに出家をしたがるのか。お前は何不自由のない王子だぞ。やがてお前はわしの跡をついで、国王になる立場ではないか。そしてこの国のすべてのものが、お前のものになるのだ。何が不足なのだ」

と説得するのですが、シッダルタは聞きいれず、ついに出家していくのです。

頭北西面《ずほくさいめん》の姿とは

やがて悟りをひらき如来《にょらい》となり仏陀《ぶっだ》となったお釈迦さまが、八十歳にしてその生涯を終え涅槃《ねはん》に入るときに、自らの姿・形をもって生きとし生けるものに最後の教えを示されました。それが「頭北西面」ということなのです。

頭北西面とは、お釈迦さまが涅槃に入られた（入滅《にゅうめつ》）際のお姿――頭を北に向けお顔を西に向けた格好なのです。頭を北に向けることで、北（N）からの磁力の刺激を受けて血液の循環をよくし、顔を西に向けることで身体の右側が下になり、心臓を圧迫せずに安らかに休むことができるというわけです。

ただ日本では、このお釈迦さまの涅槃像になぞらえて、死んだ人を北枕にすることから北枕を忌《い》み嫌いますが、これは間違っています。本来、お釈迦さまは自らの姿をもって、生ある人に、その教えを示しているのですから、いま、生きている人が頭を北にして右半身を下にして寝るべきなのです。それが自然にかなった姿なのです。

また頭を上（北）にして右側を下にして膝《ひざ》を曲げて、手を胸にもってくると、その形はまさにお母さんのおなかの中にいた姿、そのものなのです。

だから疲れているときや、腰や足などが痛いときなども「頭北西面」の姿で眠ると、なぜか安心して眠ることができるのです。

命一つ一つが大海の針、妙高の線

天台宗祖伝教大師発願文《ほつがんもん》の一節に、「法皇牟尼《ほうおうむに》（お釈迦さまのこと）は、大海《たいかい》の針、妙高の線《いと》を仮りて、人身《にんしん》の得がたきを喩況し《ゆうきよう》」とあります。

人間として生まれることがいかに難しいかということをいっておられるのですが、では、どれほど難しいかと申しますと、〝大海の針〟ということですから、太平洋でも、日本海でも、琵琶湖でも、もっと小さな溜池《ためいけ》でもいいのですが、一本のもめん針をその水中に投げ捨てて、さあ潜って拾ってこい、といわれるようなものだというのです。

いかに小さな溜池といえども、拾ってくることは至難の技です。ましてや琵琶湖、大海となれば、まず拾うことはできないけれども、絶対不可能とは、またいいきれないことなのです。現に一本のもめん針をその水中に投げ入れたのだから、それは必ず水中のどこかにあるわけです。

また〝妙高の線〟の妙高は、佛さまのおられる須弥山《しゅみせん》のことで、清らかな高い山ということでしょう。その山上より一本のもめん糸を麓《ふもと》に向かってたらしていくのです。下の麓には一本のもめん針が置いてあり、山頂からたらした糸が、その針の穴へ入るかということなのです。これも、入る保証もないかわりに、絶対に不可能とも言いきれないわけです。〝大海の針〟にせよ、〝妙高の線〟にせよ、億か兆に一、いやそれ以上の難しい技である。それほど人間に生まれてくることは至難なのです。

『三帰依文《さんきえぶん》』というお経に、

人身受け難し。今すでに受く。
佛法聞き難し。今すでに聞く。

と書かれています。

人間としてこの世の中に生を受けることは得難いことだが、いますでに人間に生まれたことは、誠にありがたいことです。でも人間に生まれたからといって、それだけでよいわけがない。人間に生まれた後は、真理の生きかたをするための佛法を聞かなくてはならない、しかし、その佛法を聞くことは難しい。ところが幸いにして私はいま佛法を聞くことができ、このうえは人間に生まれたことを常に感謝いたします、ということです。

自分がいまなぜ人間であるのか、その人間になぜ生まれてきたのかということを考えたことがありますか。

人間に生まれたこと

ところがお釈迦さまは、数々の生命《いのち》の中の一つが人間であると示されているのです。牛馬に犬猫、蟻《あり》も蝶《ちょう》も、大根も白菜も、みな、それぞれが独立の生命を持っているのです。その生命に優劣はなく、平等なのです。犬も猫も牛も馬も、そして人間もみな平等なのです。

ところが、凡《すべ》ての生きものは、自らの生命を維持するため、他の生命を犠牲にしているのです。なかでも人間だけが、必要以上に他の生命を奪って、文化だ文明だと騒いでいる。虎やライオンなどは、必要以上の殺害はしません。今食べなければならない分だけしか狩りをしません。牛や馬や象、キリンなどは草だけを食べて生きている。私ども僧侶《そうりょ》が精進といっても、草食動物ほどの精進をしている坊さんはいませんよ。

自らの生命を守るためといえども、他の生命を犠牲にすることは最小限に抑えるべきなのです。人間に生まれたことの尊さを知れば、身体を大切にします。身体を大切にすることは、生命を大切にするということなのです。

以前、歌手の島倉千代子さんが、「すべてを失って身体一つになってしまったけど、ああ、生命があってよかったな、と思った」と言っておられましたが、「生命の尊さ」を知るということは、何をおいても一番大事なことです。

他の生命もわれわれ人間の生命も凡て平等なのですが、人間には佛性がそなわっていて、皆佛になる資格があるのです。人間性をどんどん磨きあげることができるのも、そのおかげです。なのに、何の努力もせずに生きていることは、罪ということにならないでしょうか。

犬は目的に向かって急いでいるときは走るし、急いでいないときは歩いて目的に向かいます。また目的のないときは、あちらこちらブラつきながら、電信柱に次々と小便をひっかけたりして歩いています。とにかく本能に沿って生きていて、必要以上のことはほとんどしません。

善行を積む

ところが人間は、何かにつけて必要以上のことをおこなっています。また、人間はとかく悪に落ちやすい、というよりも、人間だけが善悪の二因を所有していて、悪いことをするのです。しかし人間は善悪を所有しているばかりでなく、どちらを取るかの選択力も持っているのです。

ですから、悪性は徹底的に断じ、善性を鍛え、人間性を善性で覆わなければならないのです。犬畜生にも劣る奴、といわれないように、「われは人間である」ということを自覚して、しっかりと善行を積みたいものです。

しかし、善性も悪性も、すべてのことは人間に生まれたことの表れですから、この生命が人間に生まれたことを、素直に感謝しなければなりません。

「生んでくれと頼んでないのに、勝手に生んどいて。私こんな家に生まれとうなかったわ！」

自分の思いが通らないとき、そんなことをわめき散らす子。

「お前みたいないうこと聞かん子、つくるんやなかった」

と、負けていない親。

こんなことをいっている親は駄目な親です。子供を叱ったり、愚痴をこぼしたりする前に、どうにかして子供たちに人間に生まれた喜びと、生命の尊さを教えるよう努めるべきです。非行、自殺など、今日の青少年の多くの問題を解決するカギも、そこにあるはずです。

　ましてや、自分の子供だからと、親の都合でわが子の生命を断つような親は、無間地獄《むげんじごく》へ落ちること必定《ひつじょう》ではないでしょうか。

論《ろん》湿《しつ》寒《かん》貧《ぴん》が人間を鍛え、大きくする

「論湿寒貧」という言葉が比叡山にあります。比叡山で生活するための心構えというか、生活上の厳しさを表しているのです。

論とは「論議」のこと、学問修行のことです。湿は「湿気」で、比叡山は湿気が多い、琵琶湖の湿気を含んだ風が、山麓《さんろく》から吹き上がってきて湿気を撒《ま》き散らすのですから、困ったものです。

湿気に侵されると、関節炎を起こしたり胸の病を患ったりしがちですし、特になりやすいのが痔《じ》です。痔はやはりお寺が発祥の地でしょうか。比叡山の湿気は大敵です。

湿気の多いところに寒さが加わると、もうこれは普通の寒さではありません。この寒さが、「寒」です。季節によって差はありますが、山上と山麓では五度前後の温度差があります。

学問修行に追われ、異常な湿気と厳しい寒さに身を置いて、しかも貧乏に耐え清貧に甘んじなければなりません。この貧乏が「貧」なのです。まあ、これはかつての話ですが、ただ、今でもこのような状況下に身を置いて生活している修行僧がいることも事実です。

昔から比叡山のふもと、坂本の俗謡《ぞくよう》に「山の坊さん　なに食うておじゃる　湯葉《ゆば》のつけ焼き定心房《じょうしんぼう》」という唄があります。

「山の坊さん」とは、比叡山の坊さんのこと。「世の中に山いう山は多けれど山とは比叡の御山《みやま》をぞいう」などといって、関西地方では「お山」といえば比叡山を指すのです。その山で坊さんたちは、湯葉のつけ焼きと定心房を食べて生活していると言っているのです。両方とも保存食で、湯葉とは関西料理によく使われる豆乳の上皮《うわかわ》――。これを乾燥させて保存し、食べるときに水に浸してもどし、焼いて醤油や味噌をつけて食べていたのです。

また定心房というのは、本来、房の名称です。比叡山は三塔十六谷といって、大きく三つの塔、東塔、西塔、横川《よかわ》に分かれ、その塔ごとに谷があって、合わせて十六谷というわけです。

その三塔の横川に良源《りょうげん》さんというお坊さんが住んでおられました。比叡山の中興の祖といわれるほど徳の高い立派なお坊さんで、横川をお開きになった方です。元日の三日に亡くなられたので、通称、元三大師《がんざんだいし》とお呼びしています。正確には慈恵《じえ》大師というのですが元三大師の呼び名のほうが親しまれています。

沢庵《たくあん》漬《づ》けの始まり

この元三大師が定心房に住んでおられるときに、大根を保存するため塩とワラで漬けたのです。ワラを樽《たる》の内側に立てて、こまかく切ったワラを下に敷き、そこに塩を振り、その上に大根をおいて、といった具合にくり返し樽に漬けて上に重しをおきました。これが日本の大根漬けの始まりです。

いま、沢庵《たくあん》漬けなどといっていますが、沢庵漬けのもとは、この定心房なのです。

ついでに、なぜこれが沢庵漬けといわれるようになったかと申しますと——徳川時代に家康、秀忠、家光の三代の将軍に仕えた、当時の天台座主《てんだいざす》、天海《てんかい》上人という方がおられました。上野の寛永寺をお開きになり、家康公を東照権現として日光にまつることを決められた方です。百八歳まで生きられたのですが、この方が自分も寄る年波には勝てない、私の跡に推挙したい坊さんがいる、ということで将軍家に引き合わせたのが、沢庵さんだったのです。

この沢庵さんがなかなかの知恵者で、比叡山で元三大師がつくられた大根漬けに、米のヌカを入れたら、もっと甘みやうまみが出るのではないかと思いつかれた。やってみると、実においしい大根漬けができた。それで沢庵さん考案の「沢庵漬け」というようになったのです。それにしても、沢庵漬けの元は、元三大師のつくられたワラと塩で漬けた大根漬けには違いないのです。

ところで、なぜ比叡山のように厳しい寒さや湿気の多い山中で修行しなければならないのか、もっとしのぎやすい、里の中にあって学問修行すればいいではないかと思いませんか。

昔から「晴耕雨読《せいこううどく》」という言葉があります。読んで字のごとく、晴れた日は外で耕し、雨の日は読んで学問をするということなのですが、雨の日だって外で耕してもいいでしょうし、晴れた日に学問してもかまわないと思うのです。また、雨だからといって学問だけしていると、外の仕事がはかどらないこともあると思うし、晴れたからといって耕してばかりいれば学問が進まないということもあるでしょう。

なのに、なぜそんな言葉が生まれたのかと不思議に思い、いろいろ考えてみますと、比叡山の「論湿寒貧」に合っているのです。われわれの身体の細胞というものは、適度な湿気を必要としています。その細胞の中でも特に脳細胞は、多くの湿気がないと働きがにぶるのです。

だから、脳に湿気を与えることによって、脳の回転がよくなるそうです。脳の回転がよくなる湿気のある日というのは、雨が降った日なのです。だいたい、いい天気の日に部屋にとじこもって本を読もうという気には、なかなかなれないものです。それは、晴れた日は湿気がなくて脳がカラッとしてしまい、ただ心が勇んで外へ外へと引っぱられてしまうからです。

では、晴れた日には外に出て、雨の降った日だけ学問をするとなったら、学問をもっとしなければならない立場の人には、雨の日しか学問があまりはかどらないとなると、かなり不都合がおこってきます。雨の日も、晴れの日も、まんべんなく学問ができるようにと、山中に諸堂が建てられているのです。山中は湿気が多いからだと思うのですが、と同時に、今日の科学的な分野から見ると、五百五十から七百五十メートルの間の二百メートルが、この地球上でいちばん湿気が多い層だといわれているのです。

比叡山の諸堂のほとんどは、まさにこの層に建てられています。千二百年ぐらい前の話ですから、今のように科学的にわかっていたはずはないのですが、偶然というにはあまりに不思議なことです。

頭寒足熱が学問に好ましい

ところで昔から、学問をするには「頭寒足熱」が好ましいといいます。「頭を冷やして足を暖めなさい」というわけです。冷暖房完備の部屋で子供に勉強させるというのはその逆で、ほとんどムダなことです。夏であれば木陰のある所へ行って、身体全体を冷やすのではなく頭だけを冷やせばいい。冬であれば身体中を暖めるのではなく、足を暖めればいい。足と背中を暖めれば、人間は風邪をひきません。それを身体中暖めるために部屋全体を暖めるから、喉《のど》をやられて風邪をひきやすくなるのです。

論湿寒貧といわれるように、比叡のお山で湯葉や大根漬けを食べ、貧乏に耐え、清貧に甘んじ、湿気と厳しい寒さに身をおき、学問修行に励まれた先徳たちの中から、大学者も生まれました。親鸞《しんらん》も日蓮《にちれん》も法然《ほうねん》も栄西《えいさい》も道元《どうげん》も、みんな耐えて比叡山で学問修行されました。これら、平安末期から鎌倉時代初頭に新しい宗教を生んだ祖師《そし》たちはすべて、比叡山から出ているのです。

第六章 姿

釈迦の教えは衆生の中で、町の中で

伝教大師は常に、お寺とは、坊さんとは社会性を持たなければならないと説いておられました。社会性とは世の中のため、人のためという〝ため〟の部分なのです。

ところで、私もやっぱり何か〝ため〟になる部分を宗教家としておこなわなければと考えていました。そして、かれこれ十二年ぐらい前から、テレビやラジオなどに出演しはじめました。テレビ、ラジオなどマスコミに頻繁に顔を出しているものですから、人に会うとからかうような口調で、

「どうしてます。テレビでよう見ますけど、ちゃんと本職やってはりますか?」

といわれます。

「本職って何ですんね?」と問い返すと、

「いや、朝、ちゃんとおつとめしてますか?　お経あげてますか?」

という答えが返ってきます。

「他人のこと放っとけ」というんです。

私がテレビやラジオに出演してしゃべっていることを、アルバイトでタレント業をしているかのように他人は思っているのですね。

でも、テレビに顔を出していようと、ラジオでしゃべっていようと、坊さんであることに変わりはなく、私は常にこれらすべての活動が宗教活動の一環であると確信しています。

経典の中に「維摩居士《ゆいまこじ》」の物語があるのです。維摩居士はもともと在家の人ですけれども、なかなかの人物です。物語にはお釈迦さまの十大弟子の一人、舎利弗《しゃりほつ》も出てきます。

町の中で救う教え

あるとき舎利弗が、山の奥深くに入って座禅をしていると、維摩居士がやって来てたずねました。

「舎利弗さん、あんたここで何をしているんですか」

「私は悟りを開くために、いま座禅を組んでいるんです」

舎利弗が答えると、また維摩居士がたずねました。

「何でまた、こんな山の中で座禅しているんですか」

「人が多い町の中では心が散乱し、落ち着いて修行することができません。だからこうして人里離れた山の中で、誰にも邪魔されずに修行しているのです」

舎利弗の答えを聞いて、維摩居士がいいました。

「舎利弗さん、山の中で人が生活していますか？　山の中には、キツネやタヌキ、ウサギに鳥は住んでいるでしょう、でも人間は住んでいませんよ。人間はみんな町に住んでいます。人がたくさんいる町の中では、会いたくない人と会わなければならないこともあるし、会いたい人と会えないこともあります。また、行きたくないところへ行かなければならないこともあります。見たくない女房の顔も見なければならないでしょう。また、病気のことで悩み、お金のない人はお金のことで悩み、夫や嫁姑の悩みもあるだろうし、親子の葛《かっ》藤《とう》もあるだろうし、みんな社会のなかで悩んでいます。

このように、町の中で悩み苦しんでいる人びとを町のなかで救えないような教えだったら、何の意味があるんです。だから常に釈迦の教えは、大衆のなか（町のなか）になければならないと思いますが、違いますか？」

そんなことが『維摩経』の中に書かれているんです。

私もやはりお釈迦さまの教えの目的は、葬式や墓売りではなく、いま生きているわれわれに、正しい考え方や正しいおこないをもって生活するためにはどのような心がまえが必要で、またどのような考え方が正しいのかということを示唆《しさ》し、まさに人格の形成のためにあると思うのです。

それを一人でも多くの人びとに知ってもらい実行してもらうためのお手伝いをするのが、坊さんの本来の役目です。

世の中にはその役目にかなったおこないをしておられる坊さんも少なくないことを、私は知っています。そんな坊さんに会うとホッとするし、頭が自然に下がります。

しかし、まったく頭が下がらない坊さんがけっこういることも事実です。私も頭まで下げてもらわなくても、「ようがんばっとるなあ」と思ってもらえるような坊さんでありたいと、努力はしているのです。

そんなことで、私がテレビやラジオに出ていることが間違っているとも思えません。いまの時代に伝教大師、弘法大師、日蓮さんや法然さん、親鸞さんが生きていたとしたら、もっとマスコミの力を借りてお釈迦さまの教えを敷衍《ふえん》しているに違いありません。

マスコミに出るからには、責任も負わなければなりません。相談事などに見えたり、電話がかかってきたりすれば、なるべく親身にお聞きするようにはしているのです。

いろいろな相談があります。お金の問題、病気の問題のように、具体的に、ストレートにその部分を解決しなくてはならない相談もあります。しかし、ほとんどの相談はまず相手の話をじっくり聞いてあげることです。そうすると何か解決したようなホッとした気分に相談者はなっていきます。

ということは、日本に一億二千万人からの人びとがいるにもかかわらず、相談する相手や自分のことを聞いてもらえる相手がいないということではないでしょうか。

宗教家としての責任

相談事のなかで目立つのは、思春期の娘さんをもったお母さん、老人問題、夫の浮気の電話です。

先月も次のような相談がありました。高校生の娘さんが女友だち二人と一泊旅行に行きたいという。旅先で何か、つまり異性と知り合ったりすることがあると心配だというのです。私はこう答えました。

「いまどきの高校生が友だちと一泊旅行するのなんて当たりまえのことです。大騒ぎすることではありません。確かにお母さんが高校生のころはそんなことはなかったかもしれない。でも時は流れて、大人から子供までレジャーを楽しむ時代だし、それに旅先での男性とのことなど取りこし苦労です。お母さん、自分の娘、自分の子供を信じなさい。あなたの娘さんは、そんなバカではないはずですよ」

また、あるお母さんからは、脳性マヒで寝たきりで過ごした一人息子さんを、三年前に二十四歳で亡くし、「まだ立ち直れない」という相談を受けました。これに対し、私はこう答えました。

「人の死には寿命を全うする人と、寿命まで生きることができずに若死にする人とがいます。病気と寿命は別のものだと思う。九十歳で亡くなった人がいれば『九十までも生きたんやから、大往生や』『天寿だ』と思ったとしてもこの人が百歳までの寿命を与えられて生まれてきていたとすれば、十歳若死にしたことになるし、二十歳の人が亡くなれば、可愛想に若死にしてというが、この二十歳の人が二十の寿命で生まれてきていたとしたら天寿を全うしたことになるのですよ」と。

昔、お釈迦さまが弟子たちを連れて行脚《あんぎゃ》していたときのお話です。

ある町でひとりっ子を亡くした若い母が、「子供を生きかえらせてください」とお釈迦さまにおすがりしました。お釈迦さまは死んだ者は生きかえらないと諭されましたが、この母は納得しない。

そこでお釈迦さまは、こういわれました。「ではあなたの願いを聞き届けてやろう。そのためには芥子《けし》の実がいるから、芥子の実を一粒もらってきなさい。ただしその芥子の実は、まだ一人も死人を出したことのない家からもらってきなさい」

　母親は家々を尋ね歩いたのですが、どこの家にも芥子の実はあったが、死人を出したことのない家はどこにもありませんでした。

　そこでお釈迦さまは母親に、「死んだ者は生きかえらない。そして生ある者は必ず死ぬのだ」という諸行無常を諭し、諭された母親は、お釈迦さまに深く帰依《きえ》し、子供の供養をしたということです。

　私はこのお母さんにも、

「息子さんは死んで、奥さんは生きている。死んだ息子さんも『自分の分まで元気で生きてほしい』と願っているはずです。それをいつまでも子供のことをひきずっていたら、成仏《じようぶつ》できませんよ。だからお母さんが健康で、お子さんのことを、誰にでも楽しく思い出として話せるようにしてください」

とお話をしました。

　このように私がいろいろな相談を受けているのも宗教家としての責任であり、伝教大師の精神である社会性を体して、また維摩居士の町のなかでの実践という教えを実行しているつもりなのです。

大乗《だいじょう》の精神が教える真の戒《いまし》め

私は出家してよりこのかた、大きな修行をしたわけでも、深い学問を修めたわけでもなく、ただ天台宗の僧籍に身をおく一介の僧侶です。

でも在家者の私が、一大発心《ほっしん》で出家し、佛道をまねごとにせよ歩む以上は、何か在家にいるときとは違うんだ、というものを持ちつづけたいと思っています。

お寺の山門に「不許葷酒入山門《クンシユサンモンニイルコトヲユルサズ》」と書かれた石碑が建っているのを見たことがありますか？

もともとお寺は酒もいけないし、葷《くん》もいけない。

この葷とは牛や豚、鳥肉や魚肉などの生臭もの、またネギやニラなどの臭い野菜、さらにトウガラシやコショウなどの香辛料のことで、葷辛《くんしん》、葷菜《くんさい》、葷肉《くんにく》などといいます。こんなことからみても、本来、お寺では精進料理でなくてはならないことが、よくわかります。

そこで私はまず、お寺の内でも外でも精進料理の生活を始めたのです。ところが内にあって自分で作った料理なら精進を守れるのですが、外に出たときはまず精進料理などは専門店でなければ食べられません。

野菜であっても、カツオ節やジャコなどのダシを使ってあれば、精進料理にはなりません。こまかなことをいえば、カステラなどのお菓子もタマゴを使ってあるので、精進料理の食べものとはいえません。

世間へ出て、いろいろな所へ行きますと、食事をご馳走になることも、しばしばあります。最初のうちは、何を出してもらっても手をつけず、漬物とご飯だけで済ませていました。でも、「それも、どうかな?」と思うようになり、十四、五年前から外食のときだけは、ぜいたくなことだけれども、魚だけはいただいています。

でも鳥や牛、豚などの肉は、もう十八、九年は食べていません。

いま、私は体重が九十六キロあります。当然太りすぎです。だから人は私をみて「よう肥えたはりますが、やっぱり肉がお好きですか?」などと不埒《ふらち》なことをいうのです。

私の場合、いくら太っていても肥満体のぶくぶく太りではないんです。

気が長く持続力がある草食動物

中学校で柔道を始め、いま、五段ですが、なかなかのものでした。剣道も少しやって三段です。居合抜きも好きで、これは四段です。ふり返ると格闘技が好きだったんでしょうか、ずいぶん身体を鍛えました。骨組みから大きいのです。

牛はどうですか。馬もどうですか。キリンもカバも象も、みんな草を食ってあんなに大きいのです。そして気が長くて持続力があります。肉食動物を見てください。大きな体の動物でも、せいぜいライオンやトラです。それに肉食動物はカッとなりやすいし短気なのです。

こんなことからも、私が肉を食べていなくても、身体が大きいことが納得できるでしょう。

特に日本人は農耕民族ですから、特別に牛や豚の肉を食べなくても、生きていける肉体構造をもっています。昔は、動物タンパクはせいぜい海辺の人は魚に求め、山手の人は鳥を食べたのです。農耕の手助けをしてくれる牛や馬、あるいは山野にいる獣などは一切食べなかったのです。

それが明治になって、西洋文明が入ってきて、牛や豚などを食べるようになったのです。一般的に牛や豚の肉がこれほど社会に定着し、今日のように朝から食卓に肉がのるようになったのは、大体、東京オリンピック以後のことです。

酒もかつては少しは呑んでいたのですが、十三年ぐらい前にやめました。「酒の上でのことだから、許してくれ」と謝まれば、酒の上での出来事だからと、大目にみることがあります。そんなときは便利だと思います。

また酒を呑むことで人と仲良くなったりすることもあるし、酒が原因で仲間割れや、友人と訣別することもあります。呑んでいいことと、呑まなくていいことが、半々ぐらいでしょう。私の周囲にも、酒でつぶれた人間もたくさんいますし、酒を呑むと人格の変わる人もたくさん見ています。

人々が集まると酒、ということで、酒がつきものの会合も多く、私はいつも呑みませんから、素面《しらふ》でながめていると、実におもしろいものです。

人のお膳の前に座って「まあ、一杯いきましょう」といって、ビールを注いで回る人がいます。自分が呑みほしたコップを持ってきて、相手に出す。

そのコップを見ると、いま食べていた食べ物のカスがグラスの縁についているし、ひどいのになると食べカスがコップの底に少し入っている。その上にビールを注いで「さあ、どうぞ、ぐっといきましょう、ぐっと」といって、相手に呑ますんです。

あれはかないません。それが受ける方も、かなり酒が回っていると、そんなことはおかまいなしに、「ぐっといきましょう」といわれると、「いやあ、ありがとう、ありがとう」などといいながら、一気に呑みほして「うまいなあ」といっている姿をみると、アホかいなあと思います。

厳しい二百五十の戒律

鳥や牛や豚の肉を食べないことを、また酒を呑まないことを、他人に強要する気はまったくありません。出家者が守らなければならない戒律からみれば、私の決めたことなどは戒めの大した足しにはならないのですが、坊さんとして自らが決めたことですから、続けていこうと思っております。

かつて奈良佛教といわれた時代の戒律は具足戒《ぐそくかい》で、すべての坊さんに二百五十戒の戒めがありました。この二百五十の戒めを今も守らなければならないとしたら、おそらく日本の佛教は鎌倉時代のころに衰微《すいび》してしまったと思います。

これは駄目、あれも駄目、ということが二百五十もあるのです。実際、日本の気候風土では守れない戒めも二百五十のなかにはありますから、それを守れとなれば衰微するしかありません。

ところが比叡山の開祖伝教大師は、この二百五十の戒律がお釈迦さまの教えをひろめるのに邪魔をしているのではないかということに気がついて、自らもまた、弟子たちにもその二百五十戒を棄《す》てさせ、新たに大乗の精神にのっとった戒を授けたのです。

そのことによって、それまでは「殺生は絶対ダメだ」という戒から、「むだな殺生はダメだ」というように変わっていったのです。

この伝教大師の決断によって、今日まで佛教が継承されてきたのだと思います。

私の父親は、金持ちならいいんですが、喘息《ぜんそく》もちなんです。ゴホンゴホンいっているのに、タバコが好きでした。吸い口と雁首《がんくび》のところが銀でできているキセルで、いつもうまそうに刻みタバコを吸っていました。

ある日、里へ帰ったとき、父親がやっぱりゴホンゴホンしながら、タバコを吸っているんです。私もかなりのヘビースモーカーで一日百本ほど吸っていました。減らそうかやめようか、と思っていたときだったので、「タバコやめたら、どうや。そうするなら、私もつき合ってタバコやめるわ」といったんです。

父親も「そうか」といって、長年使い込んだ銀のキセルを羅宇《らお》（竹の部分）から半分にベキッと折ったんです。

あれほどタバコの好きな父親が、キセルまで折ってタバコをやめたのだからと思って、吸いたいタバコを我慢して私もついにやめました。

それから三カ月ほどして、また里の近くまで行ったので、実家へ寄ったのです。そうしたら父親が、居間で折ったはずのキセルを羅宇の部分だけすげ替えて、またプカプカとやっているんです。

親にタバコをやめさせた上は、自分も何としてもと思ってやめているのに、よくまあ平気で吸っているなあと、そのキセルを取り上げて、こんどは私がベキッとキセルを折って、ゴミ箱へ捨ててきました。

それで父親も最後の決心がついたのか、それ以後はタバコは一服も吸っていません。昭和四十七年の冬のことです。

そんなことから、人は吸わなくても、呑まなくても、食べなくても、生きていけるものは、なるべくやめたほうがいいように思えますし、また、やめても生きていけるもんです。

感謝の気持が人に心を向かわせる

いま私は、比叡山の山麓に住んでいます。

鳥はもちろん、よくサルなどもやって来ます。冬になって山に餌《えさ》がなくなると、サルはお堂に忍び込んで、お供え物を盗んでいくのです。このあいだは、夜中に車で帰ってくるときに、体長二メートルぐらいの大きな角をたくわえたシカが通りにとび出してきました。山麓に住んでいると、いろいろな生きものとの出合いがあります。

坊さんはいつもごはんをいただく前に、生飯餌《さばえ》といって、ごはん粒を七粒箸《はし》でつまんでとっておき、後で鳥や魚に与えるのです。自分のいただいたものを分け与えなさいという佛さまの教えによるものです。木の上に台などつくって、その上にご飯をおいておくと、多くの鳥たちがやってきて、それをついばむのです。

子供のころ、家の周りや畑に、柿の木がありました。秋の収穫のとき、私たちが柿を取りにいくと、父親が必ず、一本の柿の木に三つか四つの実を残させるのです。不思議に思って「どうして残すの」と聞くと、父親はお礼として生きものに分け与えるのだというのです。いわゆる「おすそ分け」ということで、木から全部はもぎとらないのです。当時はピンとこない話でしたが、いまになるとよく納得がいきます。

やって来る鳥は色とりどりで、ずいぶんカラフルです。鳥の世界は、実に彩りに満ちている。鳥の求愛、求婚の姿を見ると、よくわかります。どんな鳥でも、美しい羽をひろげ、きれいな声で鳴くのです。羽をひろげて「私はこんなにきれいな羽をもっているよ」と見せびらかすのです。メスは、それを見てオスを選ぶわけです。

しかし動物には、白黒の世界に生きているもののほうがはるかに数が多いらしいのです。たとえば牛がそうです。闘牛の牛が赤い布を見てつっかかっていくのは、牛が赤い色によって興奮するからではありません。目の前にヒラヒラと動くものがあるから、興奮するのです。

また、サイなどは極度の近視なので、目のすぐ近くに来ないと何かわからないそうです。だからサイも動くものがあれば突進していくのです。

われわれに見える以外の色がある

ところで、カラーの世界が見える鳥には、実は人間以上のカラー（色彩）の世界を見ている鳥がたくさんいるようです。人間が見える色の限界は、赤から紫までです。赤から紫までの範囲で、これは黄色だ白だピンクだ黒だといって見ているだけです。

ところが、鳥の世界では赤と紫の外の世界、つまり赤外線、紫外線がわかる鳥がいるそうです。ですから、もし人間がその鳥の目を借りることができたとしたら、いまわれわれが見る色以外の色が、この地球上にあるということが発見できるのです。

しかし、総合的に見れば、やはり人間というのは、すべての動物のうちで最高の立場にいるといえるでしょう。

ところで、この地球上の動物の生まれ方には、四つあるといわれています。

湿生《しっせい》――ウジとかボウフラなどのように湧いてくる。
化生《けせい》――虫などはおなかのなかでタマゴをかえす。そして目から子供を生む。
卵生《らんせい》――鳥のようにタマゴで生まれてくる。

胎生《たいせい》――人間のようにお母さんのおなかのなかで、そのままの姿で大きくなって、そして生まれてくる。牛も馬も豚もそうです。

この四つの生まれ方があるなかで、人間は胎生なんです。

また、人間はいうまでもなく動物の仲間で、動物のなかでも哺乳類に属し、哺乳類の中でも一番上の霊長類なのです。

このように見てくると、人間が牛や豚を食べるということは、人間と同じ生まれ方（胎生）をする動物を食べていることになるんです。人間にいちばん近い動物を食べている。

本来、近しい仲間を食べる動物ほど下等動物なのです。爬虫類《はちゅう》は爬虫類を食べます。

だから人間は下等動物なのかなと思ったりすることもあります。そういう意味で、私はなるべく人間に近いものを食べないようにしているのです。

人間に生まれたことに感謝する

お釈迦さまは、この万物の長である人間に対して、こう説かれています。

目でものをみて「きれいだなあ」、鼻で匂いをかいで「いい匂いだなあ」と思ったときに、やさしさをもちなさい、と。

そのやさしさとは何かというと、自分が花を見て「きれいだなあ」と思ったときに、花を見ることのできない人のことを思いなさい。「いい匂いだなあ」と感じたときに、匂いをかげない人のことを思いなさい。

いい音楽を聞いたときには、耳の聞こえない人のことを思いなさい。相手に愛を語ったり告げ口をしたりいやなことをいわれたり、いいこともいやなこともあるかもしれないが、思ったことを相手に話してわかってもらったときには、話のできない人のことを思いなさい。

走ろうと思うときに走れる人は、走れない人のことを思いなさい。遠足で高い山に登って下を眺めて「ああ、きれいな風景だなあ」と思うときには、歩けない人のことを思いなさい――

健康な人は健康であればあるほど、健康でない人のことをつねに思って、感謝をしなくてはいけない。また人間が他の動物とどれほど違う能力をもっているのかということを比較していくと、おのずから感謝の気持が生まれます。

だから私は、ありがたいことに人間に生まれて、ものを見たり、ものを聞いたり、ものをかいだり、ものを語ったり、ものを買ったり、また走ったり歩いたりもできる――ありがたいことだなと思います。

われわれの目というものは、ものの本質を見るために与えられたものです。われわれの耳は、ものの本質を聞きわけるために与えられたものです。われわれの鼻は、ものの本質をかぎわけるために与えられたものです。われわれの口は、ものの本質を語るために与えられたものです。

そしてわれわれの頭脳は、ものの本質を正しく理解し判断するために与えられたものです。

だから、そういうことのできる人間に生まれた感謝を持ちつづけることが大事です。人間なんて、素手で向かっていって勝てない動物がいっぱいいます。ライオンでも、トラでも、クマでも、素手では勝てません。他の動物以上に与えられた知恵によって、人間は武器を発見して、その力によって動物の頂点に達しましたが、その分だけ弱い生命に気を配ることも忘れてはならないのです。

自然界のリズムとともに生きる

ていいます。

「悪いやつほどよく眠る」といいますが、ナポレオンは三時間しか眠らなかったといわれていらしいのですが、やはり普通は七、八時間は横になっていたいものです。

個人差はあるとしても、グーッと深く熟睡すれば、睡眠時間はだいたい三時間ほどでい

日本人はだいたい、ものの区切りを奇数でつけることが多いのです。たとえば、おめでたいときなどは、割り切れて〇《ゼロ》にならないようにと、三、五、七と奇数にします。そのなかでも特に三という数字を大切にするところがあるようです。それも三を重ねていく。三を三度重ねると九度になります。だから九も良い数とされています。

結婚式の固めの盃が三、三、九度。京都の御所の中に紫宸殿《ししんでん》という大きな建物があります。この建物はかつて天皇が国事や一般行事をおこなうところでしたが、その建物の庭から上がる木製の階段が三、三、三と九段になり、その九段が二つ重なって十八段になって

いるのです。

佛教の世界でも、二十一回とか二十一日とかで区切るのです。一日三回を七日間つづけると二十一回になる。七日を三回重ねると二十一日になるのです。

そんなところから、一日二十四時間を三つに区切ると、八時間が三つできます。一つ目の八時間で何をするか、二つ目と三つ目の八時間では、と一日におこなうことを求めていくと、案外一日の計画が立てやすいと思うのです。たとえば八時間は眠る、八時間は仕事をする、あとの八時間は自由の時間にする、というように――

何の本だったかは覚えていないのですが、人間は八時間以上眠ると脳細胞が一時間に数千個死ぬと書いてあったのを、なるほどと納得したことがあります。先に「悪いやつほどよく眠る」といいましたが、「寝る子は育つ」ともいいます。でもあまり寝すぎると、起きたとき頭がボーッとしています。あれは、寝すぎたために脳細胞がたくさん死んだのかな、と思います。

だから「寝る子は育つ」のは、体が育つのであって、頭はあまり育たないみたいですね。

再生しない脳細胞

ところで脳細胞とは、神経細胞と、その神経細胞をつなぐ役目のグリア細胞によって形成され、個人差が当然あるんですが、神経細胞が百五十億から二百億個あり、グリア細胞もまた同じくらいの数があり、その二つの細胞の塊《かたまり》を脳ミソと呼んでいるわけです。

しかもこの脳ミソは、赤ん坊として生まれてきたときにもらってきた一セットを、一生かかって使うのです。なぜなら、他の細胞はほとんど蘇生《そせい》、再生するのに、脳の神経細胞は、ほとんどといっていいほど蘇生しないのです。

ところが、人間の脳細胞というのは、それは素晴らしいものなのです。

一つの神経細胞ともう一つの神経細胞をグリア細胞によってつなぎ合わせ、一つのことを覚えさせたとします。これがコンピューターでいう一つの入力（インプット）だとします。そうすると人間の脳に覚えさせることのできるインプットの数は、10の10兆乗の数があるといわれています。10の10兆乗の単位を計算してみてください。それはもう朝から晩まで○の数字を書きつづけないといけないぐらいの単位だと思います。

たとえば友人や会社の取引先や親戚なども含めて、どれくらいの電話番号を知っていますか。百人の電話番号を覚えている人なんて、まずいないでしょう。五十人くらいならいるかもしれませんが、多い人でせいぜい二十人から三十人くらいではないでしょうか。

でも10の10兆乗のインプットの数からいけば、日本中の電話番号と、その持ち主の顔を全部おぼえるくらい朝めし前のはずです。この地球上の人間社会に存在する言葉をすべて知ることもインプットの細胞の数からいけば、そんなに難しいことでもないのです。そんなふうに思っていくと、だんだん自信がわいてくるでしょう。

だれにも公平に与えられた二十四時間

ところが、これほどまでの可能性を秘めた頭脳をもっているにもかかわらず、その頭脳を一生かかっても使い切ることができないんです。一生かかって使う単位は、何億分の一くらいだといわれています。

だから脳細胞も少しは手荒く鍛えてもいいように思うのです。その鍛え方は、やっぱり区切りをつけてリズミカルに鍛えるのがいいのです。なぜなら、人間の生命は心臓によって打ち出される「リズミカル」な血液の流れが基本なのです。身体もリズムにのって、一日のおこないもリズムにのって、すべてリズムにのって区切りをつけ、リズミカルに一日を暮らす。

そのように区切っていくと、人間の初めの区切りが一日を三等分した八時間単位の区切りで、その次が一日単位の区切りで、さらに一カ月の区切り、そして一年の区切りをつける……。

日ごろから昵懇《じっこん》にしていただいている京都の野中広務代議士が、「十二月三十一日から一月一日の移りかわりは、ただ単に時間の過ぎ去るなかでの日時の変化であるが、日本人は十二月三十一日は大晦日《おおみそか》と呼び、一月一日を元旦と呼んで、大きな節目を作っています」

といわれましたが、この節目が大切なのです。

農耕文化の色こい日本では、米を穫ることが一年の区切りであり、国家でも企業でも年度初め、年度末といって一年の収支を総決算します。自然界の営みも、やはりリズムにのって区切られています。

日本の花である桜も、一年周期で咲いては散るし、鳥でも渡り鳥なんかは、ほとんど一年周期でしか卵を産まない。爬虫類でも一年周期で交尾して子供を作る。これに対して人間は一日周期、元気なものです。

だからといって、ただ周期的に区切りをつければいいというものではなく、リズミカルに区切っていくことが大切です。リズムがくるったとき、自律神経に変調をきたしたり、自分をコントロールできなくなって、怒らなくてもよいことを怒ってみたり、必要以上に悲観したりするわけです。

子供の、まだ成熟していない肉体にも、まだ完成していない精神にも、それなりにリズムがあるのです。そのリズムを親の都合でこわしてしまうことのないようにしてほしいものです。

一日二十四時間は、神佛が誰にでも公平に分け与えた時間です。

人のこの世に生まるるは宿業を因とし、父母を縁とせり

人はリズムによって生きているわけですが、人間が生まれてくるときも、やはり、この自然界のリズムに合わせて「オギャー」と生まれてくるものです。その自然界のリズムとは、海の潮の満ち干です。人はふつう、海の潮が満ちてきたとき生まれるのです。人間だけでなく、いろんな動物もやはり、海が満ち潮のときに生まれます。これが自然界のリズムにかなった生命の誕生です。

昔から、引き潮に生まれた子は育たないといわれたようです。昔の平均年齢の低さは、乳幼児の死亡率が高かったのが大きな原因です。人生五十年といっていましたが、だからといって人がみんな、五十歳くらいで死んだわけでもなく、八十、九十と長生きした方もおられます。八十八歳を祝う米寿《べいじゅ》もあり、九十歳を祝う卒《そつ》（卆）寿《じゅ》があり、九十九歳を祝う白寿《はくじゅ》も昔からあったわけです。一人の人間がこの世に生を受け、そして何十年と生きることは、やはりこの自然界のなせる業です。

両親の意志だけで生まれてくるものでもないし、また本人の意志だけでも生きていけるものではありません。

それを親が勝手につくったり、つくらなかったりするという観念があったりすると、出来たわが子を親が生かそうが殺そうが、勝手やないか、ということになってしまうし、そうなると、ロッカーをわが子の墓がわりにしたり、便所に捨ててきたり、という子捨てや子殺しが簡単におこなわれてしまいます。

実行しないまでも、そういう考え方が親のほうにあると、子供のほうも自然に自分が生まれてきたことに対して、素直に感謝できないまま、「頼みもせんのに生んで」とか、「親が勝手に生んだんや、ちゃんと育てるのは当たりまえやろ」といったりして、自分の人生そのものを親の責任にしてしまうのです。

お釈迦さまは『父母恩重経《ぶもおんじゅうきょう》』のなかで、「人のこの世に生まるるは、宿業《しゅくごう》を因とし、父母を縁とせり」と申しておられます。

その宿業とは、自らの生命が過去世から積み重ねてきた業なのです。つまり過去世《かこせ》におこなった行為が、どのような生まれ方をするかの原因になっているのです。

そして、いまここに過去世の原因によって、人間に生まれることになったのですが、だれ一人として、木の股《また》などから生まれた人はいません。父母があったればこその結果です

が、だれの子供として生まれるのかが、今度は縁なのです。ここに自分の父と母を縁として生まれてきたことは、お釈迦さまが
「気を父の胤《たね》にうけ、形を母の胎に托す」

と恩重経で申しておられますように、精神的なものは父からそのもとを受け、肉体的なものは母の胎において養い形づけられるのです。だから、

「父にあらざれば生まれず、母にあらざれば育たず」

とも諭《さと》しておられます。

このようにして、父と母によって生まれてきたのですが、その父と母にもまた、それぞれ父と母がいます。祖父母です。さらに曾祖父曾祖母がそれぞれの祖父母にいます。これを四代前までさかのぼりますと、十六人の父と母がいたことになってきます。

それをもっともっとさかのぼりますと、無限大に、逆ピラミッドに広がっていきます。その逆さ原点にいるのが、自分なのです。これは大変なことです。

だからこそ命の原点をみつめ、「授《さず》かった命」であり、「子は授けられたもの」という考えをもたなくてはならないのです。生まれることは、まったく自分の意志が働いて生まれたものでも何でもない、でも、生まれた後の生きることは、生きようとする自分の意志が働いて生きていることも事実です。しかし自らの意志で生まれてきたわけではないように、

人間はみな、死にたくないと思っていても、その意に反して死んでいかねばならないのです。どんなに精神を鍛えた人でも、どんなに肉体を鍛えた人でも、死ぬときは死ぬのです。精進《しょうじん》した人も、悪業を重ねた人も、やっぱり死にます。それを佛教では「定命《じょうみょう》」と申して、誕生したときに、すでにその人の一生の寿命が定まっているということですし、またこのことを「宿業」と説明したりします。

ひとつの生命が人間として母の胎内にやどり、この世に誕生することは、この『父母恩重経』を読めば読むほどすごいことだと思ってしまいます。

青竹をにぎりつぶすほどの苦しみ

ところで、いまの時代、男と女の生み分けができるらしいのですが、まだお母さんのおなかの中にいるときから、すでに男の子か、女の子かわかっているというのも、まことにもって味気ないものですね。

「男の子がほしい」、「いや私は女の子がいい」、夫婦で主張しあっている。それが初めての子供ともなれば、ほんとうにもう一生懸命です。まだ男か女かわからんうちから、名前をいくつも考えて、どうだ、こうだといっている。このほうがやっぱり「ロマン」があります。

「アッ、子供が動いた」、「どこに、どこに」と女房の大きなおなかをさすりにいく夫。いいものではないですか。安産のためにも神社やお寺へお詣《まい》りしたり、妊婦体操を習いにいったり、「胎教だ」「胎教だ」と、いい音楽を聴いたり、きれいな子に育つように、きたないものを見てはならないと、ご主人の顔を見ないで（これはうそですけれど）、アラン・ドロンの写真を毎日ながめたりしながら、出産準備をしていきます。

胎教とは「胎児によい影響を与えるように、妊婦が心や行いを正しくすること」と岩波書店刊の『国語辞典』には書かれています。お母さんは子供がまだ胎内にいるときから、心を配って子供の生まれてくる日を待ちわびるのです。

『父母恩重経』に、

「慈母の子を思う、その恩は、未形《みぎよう》に及べり」

と申しておられます。まだ形のない胎内にいるときから、すでに母の思いを一身に受けていることがよくわかります。

そして、いよいよ出産のときが近づいてくると、もう男でも女でもどちらでもよくなって、ただ丈夫で五体健康な子であれば、と夫婦ともども願うのです。恩重経に、

「いよいよ月満ち日足りて、生産《しようさん》のときいたれば、業風《ごつぷう》吹きてこれを促し、骨節ことご

とく痛み、膏汗《あぶらあせ》ともに流れ、その苦しみたへがたし」

と示しておられます。

ひとたび陣痛がはじまると、身体のすべての節々は痛み、身体中からあぶら汗が流れ、身体の中を業風（青竹をにぎりつぶすほどの苦しみ）が吹きぬけるような苦しみを受け、一つの新しい生命が誕生するわけです。

ところがこの陣痛も、この苦しみもやっぱり男性にはわからないと思いますが、少しでもその苦しみを知るために一度近くの竹藪《たけやぶ》へでも行って、青竹をつぶれるほど強くにぎってみてください。ちょっとやそっとでは、青竹はつぶれませんぞ。

それにしても新しい生命が次々と誕生してきますが、この地球上にいる六十億の人間が、だれ一人として同じでないということも、ほんとうに不思議なことです。

千八百本分のおちちを飲む

さて、子供が生まれてお母さんのおっぱいを飲み、日一日と成長していきますが、恩重経に、

「その闌《うん》車を離るるに及べば、十指の甲《つめ》のなかに、子の不浄を食《くら》ふ。計《はか》るに、人々母の乳

を飲むこと、一百八十斛《こく》となす」と書かれています。

この闌車というのは、乳母車のことだと思います。よちよち歩きができてくると、やがて乳母車から離れて、あちこちへ歩きまわるようになって、いっそう親の手がかかります。そのころになると、お母さんの手は、もう子供の世話で十指の爪に子供のよごれがこびりつくようになるんです。夫のためにはなかなかできないことでも、わが子のためとなると何でもするし、また何でもできるのですね。半分は夫の子なのに、これもまた不思議なことです。

生まれた子供が、まず口にするのがお母さんのおちちです。飲みつづけて、やがて乳離れをするまでに一百八十斛のおちちを飲むらしいのです。一百八十斛というと一石八斗ですから、三百二十四リットル、牛乳ビン（一本百八十ミリリットル）に直すと千八百本にもなるのです。

それだけの量のおちちをお母さんから飲めば、それはお母さんの「垂乳根《たらちね》」は「たれちね」になってしまいます。「たれちねになるのは、いや」といって、人工哺乳で育てる母親がいますが、どうでしょうか。

しかしこんなことを書いていると、やっぱり子供は、お父さんよりお母さんを選ぶというのが、よくわかるような気がします。

鬼子母神の子を思う心

私の知り合いの話ですが、初めて子供が生まれて喜んでいました。ところがその子供が生まれてまだ六カ月くらいのとき、便秘になって苦しんだそうです。病院へつれていったのですが、なかなかスッキリせず子供が苦しむので、ついにお父さんはわが子のおしりに口をつけて便を吸い出したのです。便がいっぱい出たそうです。親の愛というものはすごい、と改めて感じさせられました。お父さんもいざとなれば、大変なことができるものです。

親が自分たちに何をしてくれたかということを知らない子供のころのほうが、われわれは親に手を焼かせているのです。こんな具合に一生懸命育てた親にしてみれば、子はかけがえのない宝物ですし、子もまた自然と親思いに育つのです。これを「雨情一致、恩愛のあまねきこと、またこれにすぐるものなし」と恩重経には説かれています。

昔、王舎城に一人の夜叉《やしゃ》がおり、その夜叉にハーリティーという一人の娘がいました。ハーリティーには五百人の自分の子供がいました。夜叉の子ですから、やっぱりハーリティーも夜叉で、他人の子供を奪ってきては、その肉を食べていたのです。その国に住む子をもつ母親は恐れおののいて、お釈迦さまに助けを求めました。

お釈迦さまは、何とかハーリティーの心を入れかえさせようと考えられ、あるときハーリティーの五百人の子供のなかでも、ハーリティーが一番かわいがっている末の娘を隠してしまわれたのです。わが子がいなくなったことで、ハーリティーは半狂乱になって、あちこちを捜しましたが見つかりません。ついにハーリティーはお釈迦さまにすがりました。

「わが子の姿が見えないのです。どこにいるのでしょうか？」

お釈迦さまは静かにハーリティーを諭されました。

「お前は五百人も自分の子供を持っている。そのなかのたった一人の子がいなくなっただけで、それほどまでに苦しまなくてはならないことがよくわかったであろう。お前に、わが子を奪われ食われた多くの親の苦しみや悲しみが、どんなものであるか知るがよい」

すっかり改心したハーリティーはそれ以後、子供を多くの苦難から護る神になりました。それが鬼子母神《きしもじん》なのです。

月面を人が歩こうと、バイオテクノロジーの発達で新しい生物が誕生しようと、親が子を思い、やがて子が親を思っていくことは、人類が存続するかぎり、不変でなくてはならないでしょう。

第七章

源

地球の創成と人の人生

地球は四十六億年にわたって力強い鼓動を打ちつづけています。月は、およそ三十五億年前に、十億年余の生命を終えて死滅した、と記しました。また、生命誕生の尊さをも記しましたが、ここで、もう少し深く地球や、人の命の根源を辿《たど》ってみたいと思います。

この宇宙は、今から百五十億年くらい前に、ビッグバン（大爆発）を起こしました。岩石と岩石がぶつかり爆発しまたぶつかり、こんどは岩石と岩石がくっつき、大きくなり、また、ぶつかり爆発し、岩石が砕け散るおこないを繰り返し、地球の原形ができ上がってきます。

創成当時の地球は、地表が尖《とが》って、まるでコンペイトウのような形状であり、初期の地球は沸騰した状態で中心核（コア）は何万度という温度で煮えたぎっていたそうです。やがて中心核コアも徐々に落ち着きだした地球の周りをメタン・アンモニア・一酸化炭素の毒々しい雲が覆っていました。

地熱の熱さで沸騰した毒々しい大気は、宇宙の彼方へ消え去ります。何の条件や約束もないところに何故か、水素と二酸化炭素が多く含まれた新しい大気が発生します。しかし、水素は元素のなかで、もっとも軽く、せっかく誕生した水素も遥か宇宙に飛び去って行きます。ところが、水素にも賢い水素とアホな水素がいまして、アホな水素はそのまま宇宙に去るのですが、賢い水素はせっかく生まれたこの星に、「私は残りたい」と思い、どうしたら残ることができるのか、いろいろ思案するのです。

軽いので上空へ飛ぶのであれば、自分より重いものにつかまればこの地に残れると考えます。周囲を見渡すと、炭素やシリコンや、硫黄など自分より重い元素を見つけ、しがみつきました。そこにいろいろな化合物が誕生し、その中の水素が自分の近くにあった水素より重い酸素をみつけ、つかまり、そこに水滴が出来、水となって地上に残り、雨が降りました。水の惑星の誕生です。

その後、豪雨のような雨が何百万年（二百万年ともいわれている）かの間降りつづき、地球上のすべての根源はこのことから始まりました。

創成当初の、コンペイトウのような尖った地表は、その雨によって削られます。水はその窪みに留まり、海ができました。弾のような雨粒に岩石が刻まれて土になりましたが、この豪雨による浸食作用がもっと続けば、地球は凹凸《おうとつ》のない、つるんとした、深さ約三千メートルの水球になっていたそうです。水球であれば陸の動物は誕生しなかったし、人間も誕生することはなかったでしょう。また海の生命も誕生したという保証はなかったかも知れないのです。それが適度な山や、平地を残してくれたことによって、私たちが誕生し、生存できているのです。

地球の表面は海が七十一パーセントで形成されています。この地球で賢い水素から生まれた水が、一三・五億平方キロメートルという膨大な量になり、その水の九十七パーセントは海にとどまっています。さらに二パーセントの水は氷になって今のところ両極圏にとどまっています。地球上のすべての動物や植物が日常的に使うことのできる水となると、極めてわずかであり、いかに水が大切かがおわかりになると思います。

元素の中で、液体、固体、気体という三つの状態を持ち合わせている化合物は水だけであり、長時間にわたれば地球上のあらゆるものを溶かしてしまう力を持っています。逆に生かす力も持っているのです。

この地球上のすべての生命は、水なくしては、絶対生きられるものではありません。生きること以前に、「身体」自体形成されません。人間の身体をギューッと搾《しぼ》れば七十パーセントが水です。残り三十パーセントが炭水化物です。海も七対三で、人間も七対三です。

この対比、七対三を基本にした物の組み立てを計れば、自然に一番適《かな》うように思います。月は、十億年余りの生命を終え死滅したと記しましたが、月はその表面に生命を誕生させることのできない星になり、死滅したといっております。月は生命を誕生させる力を失い、太陽の光に照らされて光っている反射鏡くらいにしか思っていない人もいるように思います。しかし、月は地球にとって、なくてはならない星であり、太陽と、月と、地球が常に因果関係を保ち、太陽と月は、この地球に対し我々の目に見える影響を及ぼしているのです。

この二つの恒星と、衛星が時には協力関係にあり、時には、突っ張り合うことによって、地球の海の潮は干満をつくりだしています。満月と新月のとき、太陽と月と地球は一線上に並び、もっとも近くになった太陽と、月が力を合わせる時で、地球では大潮が発生し海の水位が最高になります。太陽と、月と、地球が三角形になり、太陽と月の影響が一番弱くなるときを、弦月といいます。その時でも月に引かれる地球の水には小潮が起こるのです。

どうでしょうか。この地球上に水を誕生させるため、必要量の水素が地球上に残ったことも、残った水素がうまい具合に酸素に食い付いて水が誕生したことも、同じころ、太陽や、月が誕生したことも、また、その太陽からも、月からも、遠くもなく、近くもない程好い位置に地球が誕生したことも、何一つ捉えてみても、この地球が偶然的に出来上がったとは考えられないことです。

その海に誕生した生命の不思議もそうです。三十数億年くらい前に、生きものが生まれ、進化と共に、人類の祖先が生まれます。二百万年から三百万年くらい前です。そこには何か、われわれが想像もつかない「不可思議《ふかしぎ》な力」が加わったとしか考えようがありません。

この話は、水資源開発公団の水フォーラムの講演依頼を戴き、数冊の専門書を読み、また、その専門家にお話を聞き収集したものの一部分です。

このように、地球の歴史を見ますと、この地球創成がすべての始まりであり根源だと思います。このころにはまだ宗教はありませんでした。でもあったかも知れません。お釈迦さまは、ブッタガヤーの菩提樹の下ではじめて悟りを開き、成仏したと思われていますが、実はそうではなく、久遠（永遠の昔）の過去世《かこせ》において、すでに悟りを開いて成仏しておられたと『法華経』に説かれています。それ以来、限りない時間の間、人びとを教化《きょうけ》してこられたので、これを久遠実成《くおんじつじょう》の釈迦といいます。

このことを見ても地球創成以前、ひょっとして地球のような星があり、そこにお釈迦さまが出現せられ教化救済をしてこられたかも知れませんし、今も宇宙の遥か彼方に地球のような星が誕生してその星に出現されて教化救済をしておられるのかも知れません。久遠実成のお釈迦さまから見れば、この地球の四十六億年の歴史はほんの一時の出来ごとかも知れません。

『安心《あんじん》への道しるべ』刊行会発行の、「安心への道しるべ」に、宇宙の誕生から現在までの百五十億年を、一年に置き換えると、人類が誕生してから現在までの時間は一時間十分四十八秒にしか過ぎません。あなたがたとえ百年生きたとしても、この時間の流れのなかではわずか〇・二一秒。あっという間もありません。まさに一瞬。と書かれています。このような計算になるんですね。

地球の歴史や、人類の歴史を辿れば気の遠くなるような長さですが、私たち一人ひとりの人生は地球や人類の歴史からみれば本当に一瞬です。だからこそ、嫌なことや気に添わないことがあるからといって、なにも自暴自棄になり刹那的な生き方をしなくとも、人生はもともと刹那なのです。

米、八十八回の意味

もともと、生命《いのち》のあるものは生きるために食べ、食べるために生きるという巡りをしてきました。食べ物を求めることが生きる目的であったわけです。人と人との殺戮《さつりく》までには至らなかったと思いますが、他の動物との食糧争奪戦や、自分を守り仲間を守る戦いは命懸けであったと思います。人間自体が他の動物の食糧（餌）でもあったわけです。

当時はまだ餌を加工するとか、蓄えることも知りません。人類は、現代型新人、ホモ・サピエンスの出現により、一万年ほど前に突然農耕を始めるのです。なぜ突然農耕を始めたかは、環境考古学の専門家に学ばなくてはならないでしょうが、数年前国際日本文化研究センター教授の安田喜憲《よしのり》氏の著書に出合いました。タイトルは覚えていないのですがメモったものがあります。

「農耕開始によって人類の歴史は大きく変わり、物をためる喜びをおぼえ、貯蔵は安定した豊かな生活を保障してくれる、貯蔵した富によって人を支配することもでき、いつしかお互いがお互いを搾取し、支配し、果てには殺しあう、物をため他人よりもより豊かになり、人を支配し搾取する欲望の果てに生まれたのが、文明である」

と記してあります。

蓄えることや、蓄えていない人に分け与えると、その人がよく指示に従うことや、もっと沢山蓄えがあれば、もっと多くの人間を支配できることなど、今まで考えられなかったようなことに、人類はどんどん覚醒していくのです。搾取することを覚えると、次はてっとりばやく持ってる人を襲い略奪することを覚えていきます。略奪のための戦いが生じ人を殺すことを覚え、平然と殺戮するようになっていきます。

人の心に本来、善悪二心があって、平然と殺人をおこなうようになった「極悪心」に覚醒した心に対し、「ちょっと待て、殺してはならんのじゃないか」というもう一方の、「慈善心」が芽生えたと思えます。この慈善心の覚醒が宗教の始まりであると私は考えます。

生きるために命を守ることは、外敵から命を守ることと同時に、内にあっても命を守らなければなりません。内とは、食糧のことです。内からの食の支えがなくては命を守れません。外敵を防ぐだけではだめなのです。内を支えるには、食を与え続けなければならないわけです。内敵を防ぐことは、与え続けることなのです。

人間は生から死までの間、現在は几帳面《きちようめん》に、日に三度食を与え続けなくてはなりません。大変なことです。だから食は命なのです。寺社会では、食事を作る炊事係が重要な役割を担っております。いかに「食《じき》」が大事なことであるかということです。

昔、武家社会では、家事一切を、特に炊事をする人間は、氏、素性がはっきりしていないと任せられなかったし、たとえその人の素性がはっきりしていたとしても「お毒見役」などが他にいたものです。食べるものによって病気を防ぎ健康を保つことができたり、逆に食べものによって命を落とすこともあり、食即是医《しょくそくこれい》（食べものは医者の働きもする」）であるからです。

私は過去三度、七日間の断食、断水の精進潔斎をしました。

最初の三日間くらいは食べもののことばかり頭に浮かんできます。「ああ〜、あの時、残した食べもの勿体無いことをしたなあ！　これからは残さんようにしよ」と思うのです。ところが四日五日目ごろになると、食べたい食べたいと思うことはそれほど考えなくなります。六日七日目ごろになりますと、内外《ないげ》（心と体）がいくらか清浄になってきたように思えてきて、何か嬉しくなってきます。ただ、何も口にしなくても、大便は一、二度排泄して、後は出ませんが、小便は不思議と最後まで出続けます。小便を出す度に「体の一部を喰ってエネルギーにしているのだなあ」と感じながら便所に立っていました。

三度とも、五日ごろになってきますと、心に多少の食欲は残りますが、それ以外の欲はかけらも涌《わ》いてきません。自分好みの絶世の美女が肌も顕な姿で、枕元に立たれても何の反応もありません。

人間は本来欲望の固まりです。が、すべての欲望の根源は食欲だということがわかりました。食欲がある程度満たされていないと次の欲は出てこないということで、程よい満足があれば、正しい考え方やおこないが生まれてくるということです。社会に犯罪の多い昨今、食欲が満ち足り過ぎで、邪悪な欲望が溢れ犯罪につながっているのじゃないでしょうか。「栄養過多社会」なのです。

食が生き方を変える

池田豊君という私の中学時代の同窓生がいます。彼は陸上、私は柔道でした。池田君は、中学、高校、大学、実業団と一貫して八百メートルのランナーでした。関西大学に入学し、一回生でいきなり、「一分五十七秒」の自己記録を出し、関西インターカレッジで優勝しました。ところが、その後の大会では全国レベルにはいかなかったのです。

実家は私と同郷の滋賀県水口町です。大阪に下宿をするのですが、当時探した下宿屋が、朝晩の食事付きで部屋代月一万円というところでした。が、食事が酷《ひど》いもんで、本人の弁では、トリの餌に近いネコの餌だそうでした。一年を過ぎるころ、授業料は、夏は氷屋、冬は土木作業でアルバイトをして本人が稼ぐんですが、基本は親の仕送りでした。その仕送りのために親が大分無理をしているようだったので、「これ以上親に負担もかけられんし」と思い、大学を辞めることにしようと思ったそうです。

ところが入学当時、「池田、お前は、オリンピックへ行けるぞ。酒、タバコ、女から離れろ。他の人間と同じおこないや、考え方をしていては記録は出せんからな」と言ってくれた人がいました。池田君のコーチを引き受けてくれた監督でもある岸先生です。

池田君の状況を心配してくれ、大学当時の陸上部の先輩である田中さんという方に、「池田という十分可能性を備えた有望な選手がおるので一つ面倒を見てやってほしい」とお願いしてくれました。「よっしゃ！」という田中さんのふたつ返事で、池田君は田中家の書生になりました。

田中さんは当時五十七歳で、日本でも有数の商業手形割引会社の専務だったそうです。その生活は今までの池田君の生活では考えられないほど優雅なもので、まず食事が違った。下宿食から比べれば十倍以上のカロリーや美味しさ、と何をとっても満足感のあるものばかりで、余りある生活をさせて頂いたといっています。

正直なもので、今まであまり伸びなかった記録が食生活がガラリと変わって動きだしました。書生生活六カ月後の昭和四十年十月の岐阜国体で、これまたいきなり「一分五十一秒八」のトップで予選通過。その年の全日本ランキングで一位になり、準決勝を「一分五十一秒五」で通過しました。これまた、その年の全日本ランキング一位で、自分でその日のうちに塗り変えてしまい優勝かと思ったほどでした。

その後、全日本実業団対全国学生対抗選に選ばれ優勝、ソクテイ筋切断というアクシデントに見舞われたものの見事に復活し、のち全日本学生選手権で優勝、入社したユニチカ実業団で六年間現役で走りつづけていました。

「田中さんとの出会いが私の人生そのものを支えてくれる根本になった」

と池田君は言っています。

田中さんは八十二歳で亡くなられ、奥さんと子供さんとは今でも家族で行き来をしており、奥さんが「お父さんは何も残してくれなかったが、池田君だけ残してくれて有難うと思ってるね」と言ってくれるそうです。どこの馬の骨ともわからん自分を、自宅に住まわせ、家族同然に育ててくれた田中さんに対する池田君の恩義の心は、三十八年たった今も続いています。

食べものへの感謝の気持

私たちは、生きる上で安定した食生活が保障されるほど人生を豊かにしてくれるものはないと思います。食べものがなく、極限状態にあったとき、人間は人肉でも食べるのです。怖いことです。うそだと思うかもしれませんが、そのような事実が本当にあるのです。

主要先進国といわれる日本は、食糧自給率が四十パーセントまで下がっています。これは、主要先進国の中では最低で、食糧の自給自足のできないような国は、先進国とはいえないとすら言われています。食糧輸入率が六十パーセントというような状態で国民の食糧安保は、守れるのでしょうか。国家は、国民の胃袋は自給自足によって賄《まかな》うことが必定なのです。日本政府は農業政策の中で減反政策を打ち出し、金を出すから米を作るなという無茶苦茶な政策があります。理由付けはいろいろあると思いますが、金を与えて減反させていながら米を輸入しなければならないという訳の分からない政策です。

生産者も米を作るより、季節外れの農作物の方が収入も良く、農業生産もどんどん片寄っていきます。そしてどのような野菜や果物でも殆ど年がら年中手に入ります。

イタリアに住む知人が季節のものは、その季節にしか売られておらず、オールシーズン売られているのはトマトくらいであると言っていました。

日本社会は収穫できないものは何でも輸入に頼り、居乍らにして世界のものが、手にも口にも入れることができるという便利な社会になりましたが。

そもそも農作物は、四里四方といって、生活基盤地から、十六キロメートル四方で収穫されたものを食するのが一番なのです。同じ波長の土壌で育ったものを食すことが身体に一番馴染み健康に一番いいのです。

国連食糧農業機関（FAO）の最新の見通しでは、現在六十億人の世界人口は、二〇三〇年には八十一億人まで増えるそうです。また、世界の穀物作付面積は、一九八〇年代以後横ばいだそうです。将来必ず地球的食糧不足が来ます。その時日本にいくらお金があったとしても、自国の国民が、飢餓状態にある時、国民を犠牲にしてまで、日本は今までお得意さんだから又外貨獲得も大事なことだからといって、日本に食糧を送ってくれるという保証は何もありません。農耕を軽んじ、輸入農産物に頼っていても、何か一つ歯車が噛み合わなくなれば食糧は入ってきません。どうされますか。

「食べもの」に対する危機感がないから感謝がないのです。

食事をいただくときには「いただきます」と言って感謝をこめればよいのですが、私たち僧侶には、唱えなければならない食事作法があります。まあ四、五分はかかります。でも日常は、非食《ひじき》に用うる略食事作法で済ませます。ところがこの略食事作法の文言に、たいへん意義の深い言葉と内容が濃縮されているのです。これには、食事をいただく前に唱える食前観《しょくぜんかん》と終わってから唱える食後観《しょくごかん》があります。

食前観　われ今幸いに、仏祖《ぶっそ》の加護《かご》と衆生《しゅじょう》の恩恵《おんけい》によってこの清《きよ》き食《しょく》を受く。つつしんで食の来由《らいゆ》をたずねて味の濃淡《のうたん》を問わず、その功徳《くどく》を念じて品の多少をえらばじ。

食後観　われ今この清き食を終りて、心ゆたかに力身《ちからみ》に満つ、願わくばこの身心《しんしん》を捧《ささ》げて己《おの》が業《わざ》に、いそしみ、誓《ちか》って四恩《しおん》に報《むく》い奉らん。

短い言葉ですが、この中に「食の来由をたずねて」とあります。私たちは毎日の生活の中で、すべて来由（ルーツ・根源）を忘れ、目に映る現象でそのことを判断しています。現象も無論大事なことですが、目に映る現象だけでは、間違った判断を下すことがよくあります。ところが常に現象と根源を照らし合わせ、物の判断をしたときこそ、正しい判断をすることができ、またよく理解もできます。

この食事作法での「来由」とは、いま食すものが魚であれば、その魚の命のことや、またその魚を命がけで捕えてきた漁師さんのことを思いなさい、ということです。「お父さん、久しぶりにマグロが食べたいよ」と、子供に言われ、親たちは、釣竿を担いで船に乗り、荒波の大海原に出て、マグロ釣りに行けますか。やっぱり、漁を生業《なりわい》としている漁師さんの働きがなければ、タイも、マグロも、クジラも、そう容易《たやす》く捕獲できるものではありません。

「いっぺん、牛肉食べたいね」と家族で話がまとまり、「モオー」と啼《な》いてる牛を一頭買い求め、家族中で寄ってたかって牛の頭をハンマーで叩いて殺し、解体して、すき焼きができますか。「わたしと、お父さんはレア」「僕はミディアム」「お母さんはウェルダンよ」と言ってステーキにできますか。肉料理と言えば、やっぱり肉屋さんへ行って、肉と値段を見比べて思案しているでしょう。

子供のころ「米は、作った人の手が八十八回入っているのやから、一粒の米も粗末にするな」と父親によく言われました。つまり、何を食べるときでもその食べもののルーツを辿り、その物の生命《いのち》や、生産者の思いを感じながら戴《いただ》きなさいということです。

食べものだけでなく、すべての「もの」において、ルーツを尋ね根本を知ることで、感謝の気持が現れてくるものです。

靴を履くとき、メガネをかけるとき、服を着るとき、電車に乗るとき、飛行機に乗るとき、考えてください。何一つ取っても、自分ですべてを作れるものではありません。たとえその道の専門家であっても、その専門家一人で一から十まで作り上げることは不可能です。材料自体自分で作れません。作業の行程には他人の智力が必ず入っているものです。

何ごとにもルーツを尋ね根本を知ることで、見えなかった本質が見え、そこに感謝の気持が生まれるのではないでしょうか。

私たちの祖先

早朝の四時過ぎに電話が鳴りました。「早い時間に何ごとか」と、電話に出てみると、大阪からかけているという女性でした。「お寺は朝が早いと思いまして」ということでしたが、ちょっと早過ぎますよ。

初めて電話をかけてこられた方で、年齢は六十歳を越えましたと言っておられました。人も六十歳を越えると、朝も早く目が覚めるのか知れませんが、相談にのってほしいとのことで、いろいろ聞きました。要するに、家族に悪いことが続いて起こり、友人に相談したところ、「良く見る霊能者を知っているから見てもらえば」と、連れていってもらったそうです。霊能者の話では、十代前の、あなたのご先祖の祀《まつ》り方が悪いから、「ちゃんと祀れと知らせたはるんや」との判断だそうです。「かなり以前から知らせたはるのに家族で誰も気がつかんかったんや」「だいぶん怒ったはるで」とのことで、霊能者が、「このご先祖のご供養のため一カ月間の修行に入るから、費用が百万円いる。持って来てください」との話だそうです。

　私は、「それは大き過ぎる金額やから、持って行くのを、ちょっと待ちなさいよ」と、申したところ、「いや、もう持って行ったのです」という後の話でした。世の中には、百万円という大金をわりと簡単に出す人がいるのですね。私などへはなかなか届きませんが。脅迫されて持って行ったわけではないので事件にもなりません。

「そのお金は返してもらおうと思っても、おそらく無理でしょうが、一応返してほしい気持を伝えられたらどうですか。少しでも返してもらえれば幸いだと思いますよ」

　そのようなことしか返答できませんでしたが、ただ話の中で、「百歩譲って、ほんとうにご先祖が怒ってるのだとしても、そのご供養は、何といってもご先祖が一番喜ばれるのは、身内の人がおこなうことですよ。だからあなたが供養しなさい」と言っておきました。

　名僧知識の供養も、檀那《だんな》寺の住職の供養も有難いことだと思いますが、何であれ、親族のおこなう祀りごとが何より中心でなければなりません。

　もう一言、相談者の女性に言いました。「渡してしまった以上、しっかり供養してもらうことです。それと、一つ霊能者の方に聞いてこられたらどうですか」、「何を聞いてくるのですか」と、いうことで、「十代前の先祖が怒っておられるとのことだが、自分の前には父と母がいます。二親であり先祖です。父にも父と母が、母にも父と母がありました。

この先祖は自分からすれば、父方の祖父母であり、母方の祖父母です。その祖父母にも父と母がそれぞれいます。そうしますと、一代遡《さかのぼ》ると二人の先祖があり、二代遡ると四人の先祖になり、十代遡ると、五百十二カップルで、一千二十四人のご先祖がおられ、そのご先祖が全員怒っておられるとは思えない。じゃあ、いったい一千二十四人の中の誰が怒っておられるかを聞いてきてください」

血肉を分けた自分の子孫に誰が祟りますか。「馬鹿なことせんと、しっかりせんか」と、ハラハラ見守っておられたとしても、障りなどあろうはずがありません。

このようなことに惑わされるのは、多くの人々が根本を忘れているからでしょうか。私たちが人間として生まれて来ることができた直接の根本は両親です。その両親にも両親がいました。三十代遡ると、一〇億七千三百七十四万一千八百二十四人のご先祖が横に並んでいます。それは、五億三千六百八十七万九百十二組の夫婦がいたことになります。これは自分を根源としてトーナメント組み合わせ表の図式を逆さにして辿ればいいのです。そして三十代前からのご先祖をすべて数えれば、二一億四千七百十八万三千六百四十六人になり、その半数のカップルがいたということです。そしてこの半数の一〇億七千三百七十四万千八百二十三カップルの、どの世代のどのカップルであろうと、その一カップルが成立していなかったとしたなら、その後の自分につらなるカップルはすべて成立せず、他の人と結ばれ、別人がこの世に誕生していたことになり、自分は、今生きてこの世に生存していません。

私たちは、いかに多くのご先祖の血肉と、精神を頂いて生まれてきたかを考えなくてはなりません。ここが自分の人生の根源であり、自分にとって両親が根本なら、わが子にとっては親である自分たちが、根本であらねばならないわけです。

日本の人口を遥かに越えた数の先祖がおられ、一億二千万人くらいの日本人は、みーんな親戚になります。赤の他人だと思っていた人が、実は先祖を辿れば、どこかで必ずつらなっているものです。ご先祖の数や、つらなりをみれば、白も黒もありません。人が人を差別する要因など微塵《みじん》も考えられません。人を傷つければ、それはわが身の分身かも知れませんし、人を罵《ののし》れば、それは家族を罵っていることになり、人を騙《だま》し、裏切れば、それは身内を騙し裏切っていることになるのかも知れません。

理論的に祖先を辿ればこのように考えられますし、赤の他人も、遥か彼方の祖先のどこかでつらなっていることは理解できます。が、だからと言って、私どもは、現実に九州の飯塚市に住む人が、北海道の函館市で生活している全く会ったこともない人を身内だと、なかなか思えるものではありません。

でも、自分の周りを、ちょっと見渡して下さい。実にいろいろな人たちがいます。お祖父さん、お祖母ちゃん、お父さん、お母さん、兄弟姉妹、友達、大事に思う人もいます。嫌いな人もいます。このような人々は、皆少なからず、自分に直接かかわりのある人々です。かかわり合う人々の間には、また、見ず知らずの人々もいますが、せめて、これくらいの人々には、家族意識をもって、「こんにちは」、「おはようございます」、「今日は暑いですね、寒いですね」、「手伝いましょうか」、と口に出してみたいものです。

同じ時代を共有している人間が、世界で六十億人ほどいます。一生の間にその中の何人と出会うのでしょうか。出会うだけなら何百万人と出会うかも知れませんが、その中で、会話を交わす人は何人いるのでしょうか。そのうち好きな人は何人いますか？　嫌いと思う人は何人いますか？　この世で何十億分のなにがしかの人としか出会えないことを考えると、人との出会いがほんとうに不思議に思えます。

〃群れる〃ということ

日本人は本来農耕民族で、基幹産業は農業です。田畑を耕し、そこから日本がスタートしたといってもいいと思います。農耕が日本人の衣食住、政治、学問、技術、芸術、そして宗教などの文明、文化の形成に多くの影響を与えました。もちろん、精神文化の形成にも大きな影響がありました。

日本人は、二千年以前から灌漑《かんがい》稲作をおこなってきました。灌漑稲作とは水路を造り田畑に水を引き、水田を造り、苗代を作り、籾《もみ》を蒔《ま》き、早苗を育て田植をするという、今日の稲作と全く変わりはありません。今日の農耕作業とでは機械力の違いだけです。基本的な農耕作業は変わりません。二千年前は機械力がなかった時代ですから、当然作業はすべて人の手でおこなわれました。例えば一反（九九二㎡）の田圃《たんぼ》に田植をします。一人で田植をしますと大体二日かかります。同じ一反の田圃を二人で田植をします。一人で二日かかるものなら二人でおこなえば当然半分の一日で終わるはずです。ところが、二人でおこなうと一日かかからないのです。二日を一〇とすれば、三・七から四くらいで植え終わります。これが相乗効果です。複数でおこなえば、必ずそこに競争というものが、知らず知らずのうちに芽生えてくるものです。それと一人黙々とおこなうより、仲間がいた方が楽しい、楽しいと心が嬉しい。そうすると疲れにくいなど、いろいろといいんです。ともすると、二人で並んで「ぺちゃ、くちゃ」お喋りしながら手の動きが鈍り仕事がはかどらないのではと思われますが、実際は逆なのです。

農耕そのものには手間隙《ひま》がかかり、多くの人手が必要です。機械力のなかった時代は、いかにして労力を集めるか苦慮する中から生まれてきたのが、傍系血族とその配偶者までも含んだ「大家族制」でした。また集落の中で「組」を作ったり、「寄合《よりあい》」を作り共同作業をします。「組」や、「寄合」は田植期や、収穫期になると一家から二人、三人と働き手をだします。このことで、皆んなが「力」を合わせて生きていく、皆んなで「協力し合う」という、「共生、共栄、共存」が形成されていきます。

日本人は、このような農耕のなかで「仲間意識」とか、「協調性」とか「皆んなで頑張ろう」というような精神意識が芽生え、なかなか勤勉で実直で、几帳面で、忠誠心の強い民族に育ってきたのだと思います。(今日の殺伐とした光景の中にも、まだまだ日本人は満更でもない人達は沢山いると、私は思っています)。

仲間という意識が生まれた日本人は、善きにつけ悪しきにつけ、集団意識が強まったと思います。もともと人間自体集団でないと生きられない動物です。動物には集団でしか生きられない動物と、単独行動で生活できる動物とがいます。

サル、象、鳥、魚など基本的には集団で生きています。熊などは単独で生活しており、発情期を迎えると、鳴き声や、匂いを発して雄は雌を呼び寄せ子を残していきます。

人間はサルからの進化ですから、サル的な行動が残っているのかも知れませんが、サルと同じように群れて生活しています。

どうして人間が群れることになったかの根本（原因）を見る必要があると思います。

これほどの知恵や、知識を与えられながら、人間は何故、群れなければならなかったのか、それは、人間は多くの知恵や知識を醸出《きよしゆつ》して総合的にまとめ上げなければ、単独の知恵や知識では到底この大自然の営みの中では生きていけないことを知っているからなのだと思います。弱い動物が自分たちより強い動物から身を守るための群れであり、群れることによって、自分のできないことができるようになるとか、便利であるというような、利便性の都合に目覚め群れるようになりました。群れた結果が人間を成功させ発展させてきたのかも知れません。

人間は集団の中で、知恵を集め、その知力によって他の危険な動物から身を守ることができます。そのために石器（石斧《せきふ》）などの器具を走りに、鉄器、硝子器具へと発明発達してきました。しかし、結局集団で外部の危険な動物から身を守ろうとする、その「内部」に一番恐ろしくて危険である「人間」がいることを知るのです。群れの中にも外にも危険があることを知る人間は、外に向かっては群れで力を合わせますが、中にあっての危険には、「仲間で殺し合ってはならない。皆で協力し合わなければ」という意識（宗教心）の芽生えがあり、発展することで、「善悪」の分別が生まれてきたのだと考えます。

「今日の子供は群れている」「群れないと何もできないからだ」と言うような、教育者、評論家、コメンテーターがいます。しかし、本来人間は群れなければ生きることができない動物なのです。群れることを悪のように指摘するのでなく、群れて悪をおこなってはならないことや、群れる本来の目的は何であるかを知らしめるべきだと思います。火事や、洪水、地震だとなれば、男子は消火に当たり、女子は炊出しに当たることも集団です。かつて日本人はどんなにあくどい村人がいても村十分にはしませんでした。村八分にして普段の村中《むらうち》の付合いを一切断じるという処置をしたものです。二分は残しておくのです。それは村八分にしている家で死者や、火事など不幸な出来ごとがあると、その時は村人が寄ってきて、葬儀をおこなったり、火事の消火や炊出しをするのです。このようなことが、最後までの止《とど》めに及ばない日本人的集団の素晴らしいところなのです。

ただ今日は群れての行為が悪辣《あくらつ》になり、窃盗したバイクや自動車で集団暴走を行ったり、集団リンチでそれが殺人に繋《つな》がったり、しかも群れてやることですから、罪の意識が薄く、どんどんエスカレートするのです。今、日本人の誰もが罪の意識の薄いまま、赤信号皆んなで渡れば怖くない、という集団行為が悪い方向へと流されており、銀行絡みの不正融資、銀行そのものの不良債権隠し、省庁の闇隠し金とこれらは殆ど単独では行われていません。子供たちだけの問題ではないのです。

日本人は、ここ二、三十年前から個人主義から利己主義へと変遷してきたと思います。私は個人主義でいいと思っています。自分も大切だけれど彼方も大切と思うところに利他主義があり、それでいいと思うのです。

利他主義とまではいきませんが、私は北マリアナ連邦サイパン島へ日本の各地の青少年を派遣して二十五年目になります。目的は、戦没者の慰霊と感謝と文化交流です。四十～五十名の派遣ですが、その中で引率者も、また引率される青少年も、いろいろ体験します。団体行動における、楽しみと、我慢と、協調性の開発が大切な目的でもあります。日本社会が小家族になり、一段と少子化現象が加わってきます。小家族的行動は得意になってきますが、逆に集団意識が薄らぎ団体行動が不得手になり利己主義者を増殖させています。その抑制のささやかな一端になればと願っているところです。

また、サイパン島、ロタ島、テニアン島から北マリアナ連邦政府（窓口はサイパン市役所）の選考した子供達を二月の雪のころ日本に招待して、スキー、学校訪問、工場見学、ホームステイなどの体験をさせてきました。この事業を始めたころ、市長夫妻、副市長（助役）が揃って訪日され、役所は大丈夫ですかと尋ねると「大丈夫ネ！」と、大らかな返事でした。日本では考えられません。常夏のサイパンから真冬の日本へ来ますと、その温度差は三十度以上あります。風邪などひかれてはと気を遣います。ジャンパー、セーター、マフラー、帽子、靴、靴下、手ぶくろ、ズボン、冬の下着等一式をプレゼントします。市長夫妻、副市長には、特別にラクダの下着を用意しました。渡した衣服を着替えて出て来た市長夫妻を見て大笑い（後で失礼を詫びました）でした。セーターの上にラクダのシャツを着て出て来たのです。着用の仕方を教えなかった私どもの間違いでした。

ボランティアの意味

一九九八年に私は北マリアナ連邦の名誉市民と名誉大使に任命されました。長年青少年文化交流に貢献したということです。単純に嬉しく思っています。日本ではこのような青少年育成事業にあまり関心を示しません。それは私が健常者を対象におこなっている事業だからだと思うことがあります。

目の不自由な子供の手を引き、車椅子を押して、障害者による青少年国際交流を四半世紀にわたり続けていたとすれば、世間の目線も少し変わるのでしょうか。今の社会は、「福祉のため」「ボランティア活動を」「弱者救済を」謳《うた》い文句に総合的社会福祉に携わる人たちが、何故か正義とみなされるようです。

確かに社会福祉は国家として、人間として大切なことです。しかし、「あの!」終戦の瓦礫《がれき》の中で、どれほどの人間が社会福祉やボランティアを唱え、弱者救済をおこなったでしょうか。家族を養うのが精一杯じゃなかったでしょうか。この着物はお母さんが嫁入り前に作ってくれた大切なものだが、わが子にだけはひもじい思いをさせとうないと、その着物で芋や米を求め、幸いにも今日は米と交換してもらえたと喜び、隠すように米を持ち、子供に早くご飯を食べさせたいと帰る途中に、どこかの子供が腹が減ったとビイビイ泣いているからと、大切な米をよその子に与えた人がどれほどいたと思いますか。

日本国では、一九五六年(昭和三十一年)に初めて『厚生白書』が出ました。その序文に「社会保障制度とは、言ってみるなら『貧困と疾病の脅威からわれわれの生活と健康を守ろうとする国民的努力の現われ』にほかならない」とあります。昭和三十一年ごろの社会保障の考え方は、国民が貧困から抜け出すための所得保障(年金制度)であり、健康を守るための医療制度だったのです。昭和三十一年といえばまだまだ経済的にも文化的にも復興できていない時代でしたから、当然の考え方だったと思います。

今日社会保障制度は経済の発達に伴い随分とよくなりました。高齢化社会に対応すべき介護保健制度もまがりなりにも発足しました。このようなことは、「みな」、社会が豊かになり、物質的精神的余裕によって成り立っています。

ではこの余裕は何を根源に成り立っているかということです。戦後右肩上がりの経済復興をなし遂げた日本は、欧米諸国から貿易黒字を減らせと再三指摘されるようになりました。日本社会もかなりの消費社会です。随分と輸入もしています。稼いだお金を世界中の多くの国へたくさん援助もしています。このおこないも貿易黒字という経済的余裕で成り立っていることとです。

実は日本の領土には、無《む》から有《う》を生んで外貨を稼ぐ地下資源は先ずありません。どこを掘ってもダイヤモンドはありません。石油は殆ど採取できません。石炭は採算が合いません。金銀は殆ど掘り尽くしました。

このように自然界から直接戴くもので外貨獲得はできません。にもかかわらず外貨を稼ぐことができているのは、世界最先端の技術力があるからです。諸外国から戴く資源に付加価値（技術力）を加え輸出することで外貨獲得ができているわけです。これからも欧米で開発することのできないようなハイテクノロジーを開発維持することが、今後の経済発展と維持に繋がり、社会全体の安定に結び付き、弱者や障害者が、健常者の生活に近づいた生活のできる環境を整えることができるのです。やはり社会保障制度も、政治経済の発展に負うところが多いわけです。

技術大国と認められた日本が、今後もこの技術の発展と維持と社会安定を続けるためには、健常者を一層鍛えなければならないと思っています。そのようなところから健常者を中心に青少年育成事業をおこなってきました。親を敬い先祖を尊び、困っている人がいれば手を差し出す勇気を持ち、友とは仲良く、そして立志を見出すことのできる青少年育成を目ざし実践してきました。目の見えない方ができることもいろいろあると思います。耳や、言葉の不自由な方も手足の不自由な方もできることはいっぱいあると思います。それぞれハンディキャップを負いながら、一生懸命人生を歩んでおられると思います。が、根本はやっぱり健常者が頑張らなくてはならないし、無資源の国として国民の協調がなければ生き残れないかも知れない国です。正しく群れて、正しい集団意識を持てる社会を目指さなくてはなりません。

一《いち》験《げん》を得る

「五十センチくらいの高さから、一歳のわが子を床に落としたが、どうもなかったので、今度は、一メートル程のところから落としたら、『ギャー』と、言ったが、大丈夫そうなので、目の高さから落としてみたら死んだ」と言う父親がいました。たとえようのない親です。

かんかん照りの夏の日に、わが子を車の後部座席に寝かせておき、そのことを忘れて仕事に出掛け、気付いた時には子供は熱中症で亡くなっていたという、学校の教師もいました。

後部座席に二人の子供が眠っていることを知らないで車を盗んだ犯人が、子供に気づき、二人の子供をダム湖へ投げ捨て、中の一人が死んでしまったという事件もありました。

こんなこともありました。二十九歳の母親が一歳半の子供を連れて離婚しました。仕事も辞め、やがて電気も水道も止められ、母親は衰弱死寸前で発見されたが、子供はすでに衰弱死していたそうです。米櫃《こめびつ》に少しの米が残っていたが、電気も水道も止められ、子供に何も与えられなかったと言っていました。

冗談じゃないですよ。離婚は大人の勝手で、子供に何の責任があるというのですか。よその子供が持っているアメが欲しいと、泣き叫ぶ、わが子にアメを買い与えることのできない母親は、たとえ窃盗の罪を犯し、地獄の底へ落ちようとも、よその子供の持つアメを取り上げ、わが子の願いを叶える。その覚悟をするのが母親だと、『父母恩重経《ぶもおんじゅうきょう》』には説かれています。社会保障制度も随分充実してきたし、物にも恵まれた今の時代、罪を犯さずとも、役所へ一足運べば、大概相談に乗ってくれます。多くの方に叱り飛ばされるかも知れませんが、私は、「あなたが、子供の替わりに死ねば」と思います。悲しい出来ごとは続きます。

母親が一カ月も食事を与えず、餓死させた子は、生後一歳十一カ月の女の子でした。母親は十八歳、職業はホステスで、母子家庭です。死亡した幼児の体重は五・五キロくらいしかなかった。健常児なら十二～三キロはありますから、半分にも満たない、一歳十一カ月にもなれば言葉も少しは話せます。お腹をすかせた幼児は、お母さんに叫びつづけては必死に言葉にならない言葉で、救いを求めたに違いないと思います。決して、高価な食べものや、おいしいものを求めたわけじゃないと思います。ただ、お母さんの手から、貰うものならなんでもよかったのです。ホステスをしていたお母さんは、おいしい酒も呑んでいたでしょうし、客に誘われおいしい食事もしたことと思う。今、幼い命が消えようとするとき、この幼児の心に何が漂っていたのでしょうか。悲しく、傷ましい限りです。

書き記しましたことは、幼児虐待の一部でありますが、「幼児児童虐待」は、現在枚挙にいとまがない有様です。人の命を何と思っているのでしょうか。しかも、その殺人鬼が、父であり母であるとは、何の因果でしょうか。生きたいと願っても生きられない人がいるのに、自殺する人もいれば、他人の命を平然と奪ってしまう人もいる。一番悲しいことは、抵抗すらできない弱い立場にいる人が虐待によって落命することです。何故、今これほどまでに人の生命《いのち》が軽んじられるのでしょうか。

平和だと思っているわが国に、年間三万人を超える自殺者がいます。自殺未遂者や、自殺願望者は何十万人といます。国家は世界に顔を向けています。向けなければ日本社会は成り立ちません。宗教者も世界に目を向け、世界平和や難民救済を唱えています。大事なことだと思っています。しかし、自分たちの足下にこれほどの、自殺、殺人、虐待があることを謙虚に受けとめ考えなければならないと思っています。

戦後の日本は、戦場へ赴く恐怖が去り、医学の発達で病気に対する恐怖が薄れ、天災による恐怖心も科学の発展である程度予測でき、事故や事件は他人ごとと思い込んでしまったことで、「自分も死ぬ」ということを客観的にしか捉えていないようです。人の死があるのなら、必ず自分にも死があることを、それが、「自殺であり、他殺であり、病死であろうと、天寿を全うした死であろうと」、考えなくてはなりません。わが身の死を考えたとき、自分の生命、そして他人の生命の尊厳が理解できると思います。

フィリピン、ルバング島で終戦を知らされないで、三十年間その任務を守り最後の一人になるまで戦い続けてこられ、一九七四年三月に帰還された、小野田寛郎さんはこう語っておられます。

「酒飲みの話によると、いちばんうまい酒は、コップから受皿にあふれた、こぼれ酒だそうだ。いまの私の人生はそのこぼれ酒のようなものである。私は戦場の三十年、生きる意味を真剣に考えた。戦前人々は、命を惜しむなと、教えられ、死を覚悟して生きた。戦後、日本人は何かを命がけでやることを、否定してしまった。覚悟をしないで生きられる時代はいい時代である。だが、死を意識しないことで、日本人は生きることをおろそかにしてしまってはいないだろうか」

この言葉は、死ということを真摯《しんし》に見据えたとき、真実の生き方が見えてくるということだと私は思っています。

日本に真の宗教があるのか

世界に宗教は沢山あります。仏教、ユダヤ教、キリスト教、イスラム教、ヒンドゥー教、儒教《じゅきょう》、道教《どうきょう》、神道《しんとう》、などなどがあり、この教団の中に何派とか、何系などの分かれや、世界中の民族固有《みんぞくこゆう》の宗教の中の小さな宗教までいれていけば、大変な数になります。中でも世界で広く信仰されているのが、「三大宗教」(別に世界三大宗教といわれているのが、ユダヤ教、キリスト教、イスラム教であったとしても、私は仏教、キリスト教、ヒンドゥー教が三大宗教だと思っています)の仏教、キリスト教、ヒンドゥー教です。共通している点は、多民族、多国間で受け入れられた「世界宗教」で、自然発生し成立した「自然宗教」ではなく、創始者(教祖《きょうそ》、開祖《かいそ》)によって教え導かれた「創唱宗教《そうしょうしゅうきょう》」であります。

仏教は、多神教で、釈迦如来が教主です。仏(悟りを開いた方)になられた如来《にょらい》たちを拝みます。

ヒンドゥー教は、仏教と同じインドで成立した宗教で前身はバラモン教が基礎です。多神教で、多くの神々を拝みますが中心は、「ヴィシュヌ神」と、「シヴァ神」です。

ユダヤ教の『タルムード』、キリスト教の『新約聖書』、イスラム教の『コーラン』は基本的に『旧約聖書』が母胎で「原典」のようなものです。ここから長男のユダヤ教、次男のキリスト教、三男のイスラム教が生まれました。旧約聖書の神は「ヤハウェ」で、この宇宙で「唯一絶対《ゆいいつぜったい》の神」である。『旧約聖書』の中では神といえば「ヤハウェ」（主《しゅ》）以外存在しないというわけです。

ユダヤ教では、神を「ヤハウェ」と呼び、「ヤハウェ」を拝みます。預言者《よげんしゃ》は一人ではなく何人かがいます。ユダヤ人は神に選ばれた民と規定しています。またユダヤ民族でないとユダヤ教徒になれません。徹底した「民族宗教《みんぞくしゅうきょう》」です。

キリスト教も神を「ヤハウェ」と呼びます。そのヤハウェの「子」キリストが信仰の対象です。クリスマスはキリスト教のお祭りです。

イスラム教は神を「アラー」と呼びます。マホメットが預言者で、「アラー」を拝みます。「アラー」は「ヤハウェ」のことです。

私はここに上げた世界の宗教を端折ってみて、共通して言えることは、信じて教えを守れば、それぞれが必ず幸福になれるということです。大切な共通点が他にもあります。『旧約聖書』に出て来る、モーゼ五書の中に十戒があります。映画にもなって、ご存じのことと思います。自身の出身をユダヤ人と知ったモーゼが、「主」「ヤハウェ」から啓示を受け、イスラエルの民をエジプトから導き脱出させ、カナンの地を目ざし大移動をおこないます。何カ月もさまよい辿りついた山がシナイ山で、モーゼが神の呼びかけにシナイ山へ登り、四十日四十夜、山に居り、そこで石板に刻まれた「十戒」を授かるのです。十戒の中で、五番目に、父を母を敬え、六番目に、汝、殺すなかれ、と書かれています。

仏教は、戒律の中で、殺生戒をもって人畜の生命を断つを戒むる、と書かれています。仏教の戒律は、人間のみではなく、畜（鳥獣）も殺生戒の中に入れています。仏教の慈悲心の現れだと思います。

世界の宗教の大切な共通の戒めは、「殺してはならない」ということと、「父と母を敬え」ということです。

そのまわりには、他の教義はともかく、聖戦《せいせん》（ジハード）という名のもとに戦争の繰返しをおこない、幾多の尊い生命が消えているか、不思議なことです。

殺生をするな、父母を敬え、この二つの戒めを宗教家は優先して、社会安定を図るため宗門宗派に捉われないで宗教者としての働きをしなければならないと思います。今の世に命の重さを取り戻す一端を背負わなければならない責任が宗教家にはあります。

世界に宗教のない国家があるのでしょうか。私たちの国はどうなのでしょうか。ちょっと古いことではありますが、ソ連共産党保守派によってクーデター事件がおこり、ゴルバチョフが一時軟禁されました。短期に収拾され、ゴルバチョフとエリツィンの両大統領が大衆の前で握手した模様が、全世界に報道されました。この歴史的瞬間、二人の大統領の間にもう一人の人物が立っていました。この人物が二人の大統領の間で調停役の一端を担ったロシア正教会の僧侶でした。ソビエトはマルクス主義の上に、レーニンが築き上げた七十五年間にわたる社会主義国家です。

マルクスは宗教は抑圧された人間の溜息だと言って完全否定しています。にもかかわらず宗教が厳然と存在し、しかも両大統領の調停役を務める程の権威というか、立場があったことに、驚きました。

また、お隣の中国では、江青ら四人組によって一九六六年「文化大革命」が始まり、寺院仏閣から仏像までも破壊し、僧侶は追放されましたが、文化大革命は失敗であったと、一九七六年、江青ら「四人組」は逮捕されました。その後、鄧小平氏が復活し指導者となり「改革開放路線」を提唱されました。

鄧氏曰く、「社会主義をもってすれば」十一億人の中国人民を掌握することは簡単なことだが、いかに社会主義をもってしても「人心」を掌握することは非常に難しい。人心を掌握するためには「やっぱり宗教の力を借りなくては」と、寺院仏閣を再建し仏像を修復したり新しく作ったり、また、追放した僧侶たちを呼び戻し、今では仏教会の長が、国家副主席に入っています。

このように、世界中どこへ行っても、その国の政治事情がどうあれ宗教のない国家は見当たらないと思います（国家に宗教がないのは、強いていえば日本くらいかも知れません）。

日本は聖徳太子以来、仏教が国教でした。明治維新に、廃仏毀釈《はいぶつきしゃく》を断行しました。仏教を捨て聖徳太子以前の神の国に戻そうと、天皇を神として崇めました。第二次世界大戦で敗戦国になり、天皇が「朕は神に非ず」と申され人間天皇を宣言され、日本国は神も捨てました。以来、日本には宗教がなくなってしまいました。

そのことによって国家は宗教を国家観の外に置いて、宗教を勝手たるべしとしたことが、好き勝手に、身勝手に解釈して自分本意の宗教観を作ってしまったことが、わけのわからない宗教団体や宗教者が氾濫《はんらん》する原因になったと思っています。

人から人間へ

人間は、生まれた時は、ヒト科の動物です。ヒトは人間になるための、人格形成の養育、教育を施され成長します。受けた養育、教育を次の世代に施し返さなくてはなりません。

ヒトとは人間になる前の状態でサルとほぼ同じです。何の教育も徳育も施さず食物だけ与え体型だけ計ったとしたなら、狼に育てられた子と同じです。実話だそうですが、インドに「オオカミ少女」の話があります。狼が三歳の幼児をさらい、育てました。九歳のころ発見保護され、人間社会に復帰しましたが、行動は狼そのものだったそうです。四つんばいで歩き、夜になると走りまわり、狼のようなうなり声をたて、昼は部屋の隅でうずくまっており、手を使うことがわからず、口で直接ものをくわえたり、食べたりするという。言葉も話せず、殆ど覚えることができなかったそうで、人間であることすら忘れ、狼そのものになってしまった、かわいそうな話です。

人は生まれてより、徳育、知育、体育を教育して人間として望ましい姿に変化させて、初めて人間に脱皮することができます。

尊い生命を授かり生まれたなら、まず育児教育をおこなう。ここが人生の根源で、この育児教育をしっかりおこなわなければその人の人生そのものが、基盤のない、グラグラの生涯になってしまいます。「学校教育」「社会教育」「家庭教育」をいかに施さなければならないかということです。姿は人間ですが内容はサルですからどうしても、そのヒト（人）の一時期躾《しつけ》をして人間に仕上げなければなりません。教育とは、一定期間子供を拘束して、強制的に押しつけることで成り立つものです。そして、その教育は、徳育、知育、体育を基本に家庭、学校、社会教育を総合的におこなわなくてはならないのです。

人間は潜在的能力の中に、自我意識というものを持って誰もが生まれてきます。仏教ではこの自我意識を恒審思量《ごうしんしりょう》といいまして、人間にとってはこの自我意識がなかなか厄介者なのです。幼児教育では、この自我の意識をほどよく抑制して自我意識の勝手な働きを押さえつけなければならないのです。これが躾です。

比叡山の開祖、伝教大師最澄上人が天台宗の自主独立にあたって、教団存立の意義と根拠を述べて上奏（意見や事情を天皇に進言すること）するために書かれた『顕戒論《けんかいろん》』の中にある文言に、「明らかに知んぬ。最下鈍《さいげどん》の者も十二年を経れば必ず一験《いちげん》を得んことを。常転常講《じょうてんじょうごう》、二六《にりく》歳を期し、念誦護摩《ねんずごま》十二年を限る。然れば則ち、仏法霊験ありて国家安寧なることを得ん」これは『蘇悉地経《そしつじきょう》』に、「時念誦《じねんじゅ》を作《な》すもの、十二年を経れば、たとえ重罪あるとも、皆成就《みなじょうじゅ》することができる」と説かれていることを根拠に、伝教大師が申されたことです。

すなわち、いかに愚鈍な人間であっても、十二年間一つのことをやり通せば、もうそれは愚鈍ではなく立派な結果を生むことのできる人になれるのだという意味です。この「一験を得る」ということが一番大事なことであって、伝教大師は「一験を得る」最上の目標のための方法として十二年を定められたのです。結局一人の人間を一験を得るまで養育するにも、一験を得るため、自らを鍛え上げるにも、十二年間は基礎を続けなければならないということです。

伝教大師は、比叡山での人材育成の目標を表された『山家学生式』の中に十二年間の籠山という制度を定めておられます。十二年間を六年と六年に分け、初めの六年間師匠や先輩について、一日を二分し、内学《ないがく》である仏教に関する学問と、外学《げがく》である仏教以外の一般的学識を兼ね備えた教育を受け、後の六年間は、師匠を離れ、先輩を離れ、もっぱら思索を練り、さらに、自らそれを実行して真実を把握するのです。このように十二年間続けることによって、学業と、実行の伴った人材が育つということです。

相田みつをさんの言葉に「花を支える枝、枝を支える幹、幹を支える根、根は見えないんだよなあ」とあります。今の教育は目に映る「花」の部分しか見ておらず、また見たとしても幹までです。花の部分が美しく大人たちの目に適えばそれは素晴らしく良い子であり、能《よ》くできる子ということになります。根に栄養を与えないで美しい花を求めてもそれは不可能なことで本末転倒ということです。見えない根をみた教育が必要であるが、戦後の日本社会が求めたものは学歴主義です。

学歴社会とは暗記能力によって、いかに多くの事柄を頭に詰め込むことができるかで、学校が決まり、就職先が決まるのです。このような暗記力のみで一人の人生が左右されたり、人生そのものが決定づけられることもあります。知を育成するための暗記能力ならまだいいのですが、知の中の暗記能力部分だけが重要視されることが問題です。徳育、知育、体育を総合的にバランスよく、育児、家庭、学校、社会の各教育に組み込まないと、それは偏見教育であり、そこに学び育った子供たちは偏見に満ちた人間に成長してしまいます。

今、フランス人が日本の子供の犯罪の多さに驚いています。日本ほど安全で平和を求める国民の中で、何故これほど子供の犯罪が多発しているのかに高い関心を持っています。経済が悪くなったことで犯罪が多発しているのか、それとも外に原因があるのかとの見方をしているようです。

経済の悪化が子供の犯罪の多発に影響があるかどうかはともかくとして、やはり戦後教育のあり方に問題点が隠れているような気がします。戦後の暗記能力の部分だけが重要視されるような偏見教育を受けた大人が人の親になったとき、やっぱり暗記能力主義的な子育てしかできません。何の価値観も見出せないまま、思いつきで子供を育てたことによって文化的な心が育たないまま夢や理想もなく、ただ現実的のみに生きることを身につけ、常に損得ばかりで行動していくのです。

親の愛と子の自立心

成人を迎えても親と同居し、同居した方が経済的に楽だから、と同居します。旺盛な独立心は全くありません。ただ損得ばかりでものごとを捉えますから、経済的な自立心は部分的に発展します。経済的自立心といっても、それは何かに寄生して楽な方向に流れて生きようとする自立心であります。

このような人間を「パラサイト」人間といって「寄生」のことで、虫や動物や植物にもパラサイトがおります。人間も、居候をしたり他人にたかって生きている人間はいます。皆パラサイト人間であります。要するに寄生虫なのです。親に寄生しながら生きていく人のことです。

私は団塊の世代に入る一年前に生まれましたが、ほとんど団塊の世代でしょうか。一九四七〜四九年のベビーブーム時代に生まれた世代で、その後一九八〇年代後半になると新人類といわれる世代が出現してくるのです。今までになかった新しい価値観や感性をもった若い世代が出現してきました。この団塊の世代と新人類世代との間に出現してきた世代にパラサイト人間が一番多く、核になっています。親に寄生してきた男と女が、独立心が育っていないまま結婚して子育てしたなら、その子はやっぱり独立心や、自立心の育たないパラサイトボーイ、パラサイトガールです。

パラサイト親は、親自体に向上心や我慢（忍耐力）などがほとんどないんですからわが子にそれを求めることはないと思うのです。我が子に何の励ましも与えず、期待もせずただ漠然と子供が健康で、幸せになってくれれば、どのような仕事であっても本人が楽しければよい、というのです。皆んなが持ってる、といえば直ぐ携帯電話を買い与える。親もはまり込んでいるせいかも知れないが、ゲームに大枚をはたく。このような人間を私は何人も知っています。心が「イーッ」とします。

親としての責任があるじゃないですか。耐えることを教え、知識を与え、知恵を引っぱり出し、常に社会性を忘れず、他人と共存できる人間になってほしいし、またそのように育てたいと親としては願うものです。

子は、育てたように育ち、人は、接したように反映します。笑顔で接すれば、相手も笑顔になります。怖い顔であれば、相手も怖い顔になります。相手の顔は鏡であり、相手の行いは、我が身の反映です。

辛抱強く子育てをすれば、辛抱強い子が育ちます。優しく育めば、必ず子供は優しく育つものです。優しさは、ひ弱さとは違います。真の強さがなければ、本当の優しさは生まれてきません。

子育てや人材育成など、簡単なことではありません。だからこそ、真の強さがいるのです。

片寄らない心で、ありのままを見て、ゆったりとした気持ちで、子育て修行を続けていきたいものです。

あとがき

新年の初頭に、私の初めての随筆集が出版されることをひじょうに嬉しく思っています。全国いろんな処からお招きいただいてお話し申し上げたことや、テレビ、ラジオでおしゃべりしたことを中心にまとめました。

私のライフワークの一つなのですが、サイパン島へ子供達をつれていって十二年になります。私にとって〝子供〟は、明日の日本を背負って立つ、「国の宝」だと思っています。今日までにいろんなところでいろんな子供たちに接してきました。そんなとき、子供たちが能《よ》く育つためには「親である、大人達が先ず正しく育たないかんなあ」と、つくづく思うことがよくありました、そんな想いがこの本を出版するキッカケになりました。

「本、出しませんか、何か書いてみませんか？」と、

今までに何度かお話をいただきました。数年前にもある出版社から出版することになり、原稿を書き始めましたが、何せ文才のない私ですからなかなか思うようにペンが走りませ

ん。出版社の方は気長に私に書かせてくれましたが、日時があまりにもかかり、断念せざるをえずご迷惑をかけたことがあります。

私は昔から〝一夜漬け〟が得意で、切羽詰まらないと重い腰も上がらないし、エンジンの回転も上がらないんです。そんな私の性格を見抜いた二期出版のスタッフの対応は素早いもので、さっそくホテルに缶詰にされたり、新幹線の待ち時間にスタッフが横につきっきりで原稿を書かされたりで、追いまくられました。

「プロの作家じゃあるまいに、そんなに思うように原稿が書けるかい！」と、ブツブツいいながらも、やっと完成を見ることができました。頭にえがいていることを、文章に百パーセント表現できたら大作家やなあと思います。

おくれおくれの原稿を気長に待っていただいたみなさん方に「深々」に感謝いたします。

私は今、満足感で一パイです。

比叡山麓　三宝莚精舎にて　　栢木寛照

文庫版あとがき

先ずは、この本を文庫本にして戴くことができ、大変嬉しく思っています。一度お読み戴いた方にも再度お読み戴けるよう、一章を追加させて戴き、加筆もいたしました。子育て準備中の方、また子育て真っ最中の方、人生に少しでも迷いのある方や心身の調和を求めておられる方にもお読み戴ければと願っています。

人の心を見抜くことは容易ではありません。見えない心に著者の思いを訴えることは、やはり難しいことです。

形を見せることは、説得力があります。

私は、一介の宗教家として、二十五年間にわたって青少年育成を実践してきましたが、なかなか思うようにはいきません。青少年育成事業の一環として、サイパン島への青少年派遣団員を新聞紙上で公募すると、千、二千と応募がありましたが、経済の発展で社会が豊かになったことや、反対に経済の破綻の影響があるのでしょうか、ここ七、八年は、五、六百の応募しかありません。まあ応募人員が四十人程度ですから、五、六百人も応募があれば十分なのです。が、やはり気になるところです。

近頃の親御さんは、お金さえ払えば、どこへでも行けるという「目的地へ行く」ということが主眼になっているようで、「なぜ行くか」という「目的」を忘れ去っているのだと思います。

少子化も、大きな原因のひとつだと思われますが、人口の減少は、こういう人心の変化だけでなく、国力にも影響を与えます。

無から有を生むことのできない日本のような国は、多くの人々が正しく群れて、その相乗効果に負うところの大きい国ですから、これは本当に重大な課題です。

私は、テレビ・ラジオで人生相談を二十六年続けてきました。本当に困っておられる相談もありました。が、こちらが困る相談もありました。テレビ・ラジオを通して多い相談内容は、夫婦、親子、嫁姑、親戚間などの人間関係の相談が主でしたが、その背景には殆どお金の絡む問題が隠れています。

いくら、「精神力で」と言い立てても、食うや食わずの生活をしておれば、精神力で頑張れる範囲は所詮知れたものです。やはり、安定した経済の力の背景があってこそ、健康的な心と体の平安があります。また、お金によって解決できる事柄もあります。

私が申している「お金」とは、贅沢三昧のための「金品」を言っているのではなく、足ることを知り、感謝のもてる生活ができる生活力のことを申しているのです。足ることを忘れ、「ほしい、ほしい」と限りない欲望を満たそうとして、挙げ句の果てに、争いを起こし犯罪へと塡《はま》っていくのです。

追加の章は、「根源」について書きました。能《よ》く根本を見極めれば、自《おの》ずから物事の分別が理解でき、そして、いかに我々がガツガツと飽くことなく貪《むさぼ》り、貪欲の塊になっていることが見えてきます。

本文にも全文書きましたが、『懺悔文』に、

我昔所造諸悪業《がしやくしよぞうしよあくごう》　我が昔より造る所の諸悪業
皆由無始貪瞋癡《かいゆうむしとんじんち》　皆な無始の貪瞋癡に由る

という四句の中の二句があります。貪欲《とんよく》、瞋恚《しんい》、愚癡《ぐち》の三つが、人間の一切の悪業と迷いの根源だと、お釈迦様は説いておられます。これを貪瞋癡《とんじんち》の「三毒」と言って、人間には

どうしようもなく抜きがたいものです。

しかし、この三毒の根本煩悩から離脱するためには「知足《ちそく》」「足《たる》を知《し》る」ということの実践が必要です。

教典『遺教経《ゆいぎょうきょう》』には「若し諸《もろもろ》の苦悩を脱っせんと欲せば、まさに知足を観ずべし」「不知足の者は、富むといえども、しかも貧しく、知足の人は貧しいといえどもしかも富あり」とあります。『法句経』には「知足は第一の富なり」とあり、『老子道徳経』にも「足るを知るものは富む」とあります。これほどまでに「知足」が説かれていることを見ても、足ることを知ることが「幸せ」の根本につながるのだと思います。

総てのものには限りがあることを知らねばなりません。自らの「知足」の位置を、心のどの位置に持っていくのか、考えてみてください。その一助になれば、幸いです。

本書の刊行にあたり、格別のご高配を戴いた、徳間書店・徳間文庫編集部編集長、吉川和利氏と、編集部の石川明子氏、D.ブレインの稲葉昌司氏に心から感謝申し上げます。

二〇〇二年　十一月

比叡山麓　三宝莚精舎にて　　栢木寛照

この作品は1991年1月二期出版より刊行された『大人が育てば子も育つ』を改題しました。

徳間文庫をお楽しみいただけましたでしょうか。どうぞご意見・ご感想をお寄せ下さい。
宛先は、〒105－8055　東京都港区芝大門2－2－1　㈱徳間書店「文庫読者係」です。

徳間文庫

親《おや》が育《そだ》てば子《こ》も育《そだ》つ

2002年12月15日 初刷

著者 栢《かや》木《き》寛《かん》照《しょう》

発行者 松《まつ》下《した》武《たけ》義《よし》

東京都港区芝大門二―二―一〒105―8055

発行所 株式会社徳間書店

電話 編集部〇三(五四〇三)四三五〇
販売部〇三(五四〇三)四三二三

振替 〇〇一四〇―〇―四四三九二

印刷 凸版印刷株式会社

製本 ナショナル製本協同組合

〈編集担当 石川明子〉

ISBN4-19-891807-4 (乱丁、落丁本はお取りかえいたします)